CORRESPONDANCE MYSTIQUE DE J. CAZOTTE.

CORRESPONDANCE MYSTIQUE DE J. CAZOTTE,

AVEC

LAPORTE et POUTEAU, *Intendant et Secrétaire de la Liste Civile, pendant les années* 1790, 91 *et* 92;

CONTENANT

Des détails intéressans sur le voyage du ci-devant roi à Varennes; précédée d'une notice historique sur la vie et les ouvrages de cet homme célèbre, suivi de son interrogatoire et de son jugement.

A PARIS,

Chez LEROUGE, Imprimeur, passage du Commerce, cour de Rohan;

DEROY, Libraire, rue Haute-Feuille N. 34;

MARET, Libraire, palais Égalité, Cour des Fontaines.

AN VI.

CORRESPONDANCE
MYSTIQUE
DE J. CAZOTTE.

JACQUES CAZOTTE.

CORRESPONDANCE MYSTIQUE DE J. CAZOTTE,

AVEC

LAPORTE et POUTEAU, Intendant et Secrétaire de la Liste Civile, pendant les années 1790, 91 *et* 92;

CONTENANT

Des détails intéressans sur le voyage du ci-devant roi à Varennes; précédée d'une notice historique sur la vie et les ouvrages de cet homme célèbre, suivi de son interrogatoire et de son jugement.

A PARIS,

Chez LEROUGE, Imprimeur, passage du Commerce, cour de Rohan;

DEROY, Libraire, rue Haute-Feuille N. 34;

MARET, Libraire, palais Égalité, Cour des Fontaines.

AN VI.

AVANT-PROPOS.

AU nombre des personnes qui furent arrêtées et condamnées à mort, par suite des évènemens arrivés le 10 *août* 1792, *le public se rappellera toujours le courage et la présence d'esprit que montrèrent pendant l'instruction de leur procès, et jusqu'à la mort, les vieillards* Laporte *et* Cazotte : *le premier, ci-devant intendant de la Marine à Toulon, avoit été depuis peu nommé par le roi, intendant de sa liste civile : il fut fait chez lui une perquisition, les* 12 *et* 13 *dudit mois, dont le résultat fut la découverte d'un grand nombre de papiers, d'après l'examen desquels il fut constitué prisonnier à l'Abbaye-St-Germain, et traduit ensuite, le* 24 *du même mois, devant le tribunal criminel nouvellement créé.*

Son procès a été très-long à ins-

truire (1) ; *il se retranchoit toujours sur la négative, en disant que les lettres trouvées chez lui avoient été adressées au sieur Pouteau son secrétaire* (2) : *cependant, le Jury, observant qu'il avoit employé sciemment les deniers de la liste civile à soudoyer des écrivains incendiaires, à payer des placards qui tendoient à l'anéantissement du crédit public, au renversement de la constitution, et enfin à exciter la guerre civile ; qu'il avoit distribué des cartes d'entrée au château, à des hommes qui, de leur propre aveu, avoient le projet de former un rassemblement armé, a déclaré, après en avoir délibéré, qu'il croyoit à l'existence d'une conjuration, et que*

---

(1) Il a duré près de 30 heures sans désemparer.

(2) Qu'il avoit depuis long-temps à son service, et qui a disparu après la journée du 10 août sans qu'on en ait nullement entendu parler depuis.

l'accusé en étoit le complice. Le président lui a prononcé son jugement, en terminant par dire que si sa vie avoit été funeste à sa patrie, il la servît du moins par l'exemple de sa mort.

Laporte, revenu du trouble involontaire que cet arrêt avoit dû lui causer, a protesté de son innocence; et s'adressant au peuple, il a dit : Citoyens, puisse le sang que je vais verser ramener dans l'Empire la tranquillité et la paix, et mettre un terme aux dissentions intestines ! Il a été reconduit à sa prison : là, il a dîné avec assez de tranquillité; et vers les six heures du soir, il a été conduit au milieu d'une foule immense sur la place du Carrousel. Son maintien dans la route étoit décent, résigné et modeste. Arrivé au lieu de son supplice, il a paru un instant très-ému; mais rappelant ses forces, il a monté le fatal escalier, et est mort avec calme et dignité.

Un mois après, le même tribunal

prononça sur le sort d'un de ses plus anciens amis, le sieur Cazotte, vieillard presque octogénaire, dont la correspondance avoit été saisie dans ses papiers. C'est de ce dernier dont nous allons entretenir le Lecteur.

NOTICE

Sur la Vie et les Ouvrages de Jacques Cazotte.

JACQUES Cazotte descendoit de Jean Cazotte, poëte bourguignon, contemporain de Ronsard et de Clément Marot (1). Il étoit né avec quelques talens pour la poësie et beaucoup d'amour pour les Lettres, ainsi qu'il le déclare dans la dédicace placée en tête de ses fables. Il avoit quarante ans lorsque son poëme d'Olivier parut; il fit ensuite imprimer divers petits ouvrages, les-

(1) Voyez l'Histoire des savans de Bourgogne, par l'abbé Papillon.

quels engagèrent l'académie des Belles-Lettres de Dijon de l'admettre au nombre de ses membres. Cet accueil l'ayant encouragé, il reprit le cours négligé de ses études d'inclination que des occupations sérieuses l'avoient forcé d'abandonner, et fit paroître quelque temps après le recueil de ses fables qu'il dédia à ses collègues membres de la susdite académie, en leur annonçant qu'il avoit puisé la gaieté dont elles sont remplies, dans la ville de Dijon, son pays natal, d'où il n'étoit sorti qu'à l'âge de 19 ans. Il y rend en outre hommage à ceux de ses nombreux compatriotes qui ont honoré la province par leurs vertus et leurs talens.

La dernière édition des Œuvres de Cazotte parut en 1788, en sept petits volumes in-12. Elle est dédiée à la dame Bertin (épouse du ministre des parties casuelles), et contient les ouvrages suivans: Olivier, poëme. — l'Aventure du Pélerin. — Le Lord-in-promptu, nouvelle romanesque. — Le Diable amoureux, nouvelle espagnole. — Recueil de fables. — L'honneur perdu et recouvré, ou rien de fait, nouvelle héroïque. — La belle par accident, conte de fée. — Le fou de Bagdad, ou les Géans, conte antidiluvien. — Le procès de Vulcain, conte. — Le bon et le méchant homme, conte. — La Guerre de Genève, chant septième. (1) — La Voltériade,

(1) Lors de la nouveauté du poëme de Voltaire, intitulé la Guerre de Genève, les sociétés de Paris couroient après les chants épars de ce petit ouvrage, dont on avoit le premier sans le second, le troisième sans le quatrième, selon qu'on avoit pu les dérober à l'auteur, qui sans doute n'avoit pas voulu les rendre publics. Cazotte imagina de composer celui-ci; et pour tromper, par une espèce de surprise, l'empressement des curieux, il l'intitula : septième chant, pour flatter l'espérance des amateurs auxquels il eut la satisfaction d'entendre dire, que puisqu'il y avoit sept chants, on pouvoit se flatter d'en avoir au moins douze.

Il entendit un grand homme qui n'est plus, s'écrier à une lecture : voyez comme

poëme (1). La seconde Raméïde,

Voltaire ne craint point de plaisanter de lui-même! En un mot, pendant huit jours l'ouvrage passa pour être de la même main que celle qui avoit composé la Guerre de Genève; mais ce n'étoit plus celle qui avoit écrit Œdipe, Mahomet et la Pucelle.

(1) Cazotte avoit environ vingt-sept ans lorsqu'il imagina le plan de ce poëme, et en exécuta les parties qui lui sembloient devoir être les plus piquantes. Voltaire n'étoit point en France alors; il apprit cependant qu'on lisoit des morceaux d'un petit poëme dont il étoit le héros: il envoya Thiriot à la découverte. Ce discret négociateur n'eut pas de peine à persuader à quelqu'un qui commençoit à pouvoir raisonner, que plaisanter aux dépens d'un génie aussi redoutable, étoit un amusement dangereux; il fut convenu qu'il ne seroit plus parlé de cet ouvrage. L'auteur jeta au feu ce qu'il avoit écrit, et partit peu de temps après pour les Colonies.

En 1788, les éditeurs des Œuvres de Cazotte, sachant que cet ouvrage ne pouvoit ni faire tort ni chagriner ce grand homme, se sont déterminés à le mettre au jour, après en avoir préalablement obtenu le suffrage de l'auteur.

poëme. (1) — le roi de Foule-Pointe

(1) Plaisanterie faite par l'auteur à un de ses camarades de collège. Rameau étoit neveu du célèbre musicien de ce nom. « C'étoit, dit Cazotte, dans une lettre adressée aux éditeurs de ses œuvres, l'homme le plus plaisant par nature, que j'aie connu. Il avoit conçu pour moi une amitié qui ne s'est jamais démentie ni de sa part ni de la mienne. Il étoit né avec des talens naturels dans plus d'un genre, que le défaut d'assiette de son esprit ne lui permit jamais de cultiver. Je ne puis comparer sa manière de plaisanter qu'à celle que déploie le docteur Sterne dans son Voyage Sentimental. Les saillies de Rameau étoient si piquantes, qu'il seroit nécessaire de les peindre pour essayer de les rendre: ce n'étoient point des bons mots, mais des traits qui sembloient partir de la plus profonde connoissance du cœur humain. Sa physionomie qui étoit vraiment burlesque ajoutoit encore à ces saillies, d'autant moins attendues de sa part, que d'habitude il ne faisoit que déraisonner. Ce personnage né musicien, autant et plus que son oncle, ne put jamais pénétrer dans les profondeurs de cet art; mais il avoit l'étrange facilité de mettre sur-le-champ, en musique agréable et expressive, telles paroles qu'on voulût lui donner: au reste, il auroit fallu qu'un vé-

nouvelle africaine. — Rachel, ou la

---

ritable artiste eût corrigé ses phrases et composé ses partitions. Il étoit très-laid. fort souvent ennuyeux parce que son génie l'inspiroit rarement; mais sa verve l'en dédommageoit : il faisoit rire aux larmes. Il vécut pauvre, ne pouvant suivre aucune profession. Il n'étoit pas né sans fortune; mais il eût fallu dépouiller son père du bien de sa mère, et il se refusa à l'idée de réduire à la misère l'auteur de ses jours, qui, d'ailleurs, s'étoit remarié et avoit des enfans. Cette pauvreté volontaire lui faisoit honneur dans mon esprit. Il a donné en plusieurs occasions des preuves de la bonté de son cœur. Cet homme singulier vécut passionné pour la gloire, qu'il ne pouvoit acquérir dans aucun genre. Un jour il imagina de se faire poëte, pour essayer de cette façon de faire parler de lui; il composa un poëme sur lui-même, qu'il intitula la Raméide, et qu'il distribua dans tous les cafés; mais personne n'alla le chercher chez l'imprimeur. Je lui fis l'espiéglerie de composer une seconde Raméide. Rameau ne trouva pas mauvais que j'eusse plaisanté de lui, parce qu'il se trouva assez bien peint. Cet homme est mort aimé de quelques-uns de ceux qui l'ont connu, dans une maison religieuse où ses parens l'avoient placé. »

belle juive, nouvelle historique espagnole.

Depuis que Jacques Cazotte étoit revenu de la Martinique, où il a demeuré quatorze ans commissaire général de la Marine, il s'étoit retiré dans le village de Pierry près Epernay, où il menoit une vie paisible, chéri des habitans qu'il avoit vu naître, et ne s'occupant que de leur instruction et de leur bonheur; il y couloit des jours doux et agréables, lorsque la révolution arriva: les évènemens survenus pendant les années 1789, 90, 91, lui fournirent l'occasion d'exercer l'imagination fertile dont la nature l'avoit doué. Son ancien ami Pouteau, qu'il avoit connu lorsqu'il étoit commissaire de la marine, se trouvoit alors premier secrétaire de Laporte, intendant de la liste civile. Un journal que cet ami faisoit rédiger, lui donna lieu d'entretenir avec eux une correspondance qui n'a été interrompue que par le résultat de la journée du 10 août 1792. Ce fut après cette époque que l'assemblée nationale, d'après le rapport des commissaires nommés pour recueillir les pièces trouvées chez l'administrateur de la liste civile, ordonna, le 16 dudit mois d'août, qu'elles seroient imprimées et envoyées aux armées par des courriers extraordinaires. La correspondance de Cazotte ayant été rendue publique, il fut lancé par le comité de surveillance de ladite assemblée, un mandat d'amener contre lui, en vertu duquel il fut arrêté à Pierry et conduit à Paris. Le 29 et le 30 août il fut interrogé par-devant le jury d'accusation, qui, après l'avoir entendu dans ses réponses, ordonna qu'il seroit conduit à la prison de l'Abbaye Saint-Germain, en attendant sa traduction devant le jury de jugement, pour son procès lui être fait et parfait. Voici à cet égard la déposition authentique d'un témoin oculaire, détenu alors dans ladite prison. « Le 30 » août (1) à onze heures du soir,

(1) Voyez l'Agonie de Saint-Méard : il paroît qu'il y a ici erreur de date, et qu'il faut lire le 29 au lieu du 30.

» on fit coucher dans notre chambre » un homme âgé d'environ quatre-» vingts ans ; nous apprîmes le lende-» main que c'étoit le sieur Cazotte, » auteur du poëme d'Olivier, du » Diable amoureux etc. La gaieté un » peu folle de ce vieillard, sa façon » de parler orientale, fit diversion à » notre ennui : il cherchoit très-sérieu-» sement à nous persuader, par l'his-» toire de Caïn et d'Abel, que nous » étions bien plus heureux que ceux » qui jouissoient *de la liberté :* il pa-» roissoit très-fâché que nous eussions » l'air de n'en rien croire ; il vouloit » absolument nous faire convenir que » notre situation n'étoit qu'une émana-» tion de l'apocalypse, etc, etc. Deux » gendarmes qui vinrent le chercher » pour le conduire au tribunal crimi-» nel, terminèrent notre discussion.

» A cinq heures (1), plusieurs voix » appelèrent fortement M. Cazotte ;

---

(1) 2 Septembre, voyez idem, page 16.

» un instant après, nous entendîmes
» passer sur les escaliers une foule de
» personnes qui parloient fort haut,
» des cliquetis d'armes, des cris
» d'hommes et de femmes. — C'étoit
» ce vieillard, suivi de sa fille, qu'on
» entraînoit. Lorsqu'il fut hors du
» guichet, cette courageuse fille se
» précipita au cou de son père. Le
» peuple, touché de ce spectacle,
» demanda sa grâce, et l'obtint. »

Lorsque l'effervescence de ces fatales journées fut calmé, le tribunal qui avoit sous les yeux les interrogatoires subis par Jacques Cazotte, les 29 et 30 du mois précédent, lança de nouveau contre lui un mandat d'arrêt par suite duquel il fut constitué prisonnier à la conciergerie du palais; et le 24 septembre suivant, il fut traduit à l'audience publique du tribunal criminel établi au palais, à Paris, par la loi du 17 août 1792, pour juger sans appel les conspirateurs, et interrogé ainsi qu'il suit :

TRIBUNAL

DU 17 AOUST.

Procès de Cazotte.

AUDIENCE de la seconde section du tribunal, du lundi 24 septembre mil sept cent quatre-vingt douze, neuf heures du matin.

Après que le prévenu a été introduit à l'audience, le président l'a interpellé en ces termes :

« Quels sont vos noms ?

— Jacques Cazotte.

« Votre âge ?

— Soixante-quatorze ans.

« Le lieu de votre naissance ?

— Dijon.

« Vos qualités ?

— Homme de lettres, propriétaire.

« Où demeuriez-vous au moment de votre arrestation ?

— A Pierry dont j'étois maire, près d'Epernay.

Le citoyen Jullienne, défenseur de l'accusé, remet sur le bureau une protestation contre la compétence du tribunal, lequel, après en avoir délibéré, a rendu le jugement suivant :

Le tribunal sans s'arrêter ni avoir égard à la protestation présentée par le sieur Cazotte, ordonne qu'il sera passé outre et procédé à l'instruction du procès, et cependant qu'à la diligence du commissaire national, copie de ladite protestation ainsi qu'expédition du présent Jugement seront adressées au ministre de la Justice, pour être par lui communiquées à la convention nationale, s'il y a lieu.

L'accusé fondoit sa protestation sur ce qu'ayant été jugé, le 2 septembre, par le peuple souverain, et par des officiers municipaux revêtus de leurs écharpes qui l'avoient mis en liberté, l'on ne pouvoit, sans porter atteinte à la souveraineté de ce même peuple, procéder à un jugement contre lui sur des faits pour lesquels il avoit été arrêté et ensuite élargi.

Le greffier donne lecture de l'acte d'accusation dont la teneur suit :

Le directeur du jury d'accusation près le tribunal criminel établi par la loi du dix-sept août mil sept cent quatre-vingt-douze, l'an quatrième de la liberté et le premier de l'égalité, pour juger les crimes commis dans la journée du dix août, et ceux y relatifs, circonstances et dépendances, expose, que le dix-huit du mois d'août dernier, en vertu d'un ordre des membres composant le comité de surveillance de l'assemblée nationale, le sieur Cazotte, ancien commissaire général de la Marine, et premier maire du lieu de Pierry près Epernay, prévenu de conspiration contre la nation, de complicité avec le sieur de Laporte, condamné et exécuté depuis à mort, et le sieur Pouteau, premier secrétaire de ce dernier, absent, et d'avoir été un des agens des évènemens et crimes commis le 10 dudit mois d'août, a été arrêté audit lieu de Pierry, conduit en la maison d'arrêt de la ville d'Epernay, département de la Marne, et depuis amené à Paris à l'Abbaye-Saint-Germain-des-Prés, l'une des maisons d'arrêt destinées pour ces sortes de délits; que parmi les pièces trouvées lors de la levée des scellés apposés au moment de l'arrestation du sieur de Laporte, et après l'absence du sieur Pouteau, il s'en est trouvé un grand nombre émanées dudit Cazotte, ainsi qu'il l'a reconnu dans les différens interrogatoires qu'il a subis, et dont il va être parlé; qu'il s'est également trouvé plusieurs autres pièces relatives aux complots et conspirations dont il est prévenu, sous les scellés apposés par les membres du district d'Epernay, lors de son arrestation; que toutes ayant été remises et déposées depuis au greffe du tribunal, ledit Cazotte a été entendu par le directeur du jury d'accusation, sur les causes de son arrestation et de sa détention; que, de suite, le directeur du jury a procédé à l'examen de ces pièces; qu'ayant vérifié la nature des délits dont est prévenu ledit Cazotte père, il a trouvé qu'ils étoient de nature à mériter peine afflictive ou infamante : en conséquence, le directeur du jury a dressé le présent acte d'accusation.

« Le directeur du jury déclare donc, qu'il résulte de l'examen desdites pièces reconnues, approuvées et signées par ledit Jacques Cazotte, lors des interrogatoires par lui subis, les vingt-neuf et trente août dernier, et des différens aveux consignés et par lui faits dans lesdits interrogatoires. 1°. Que ledit sieur Cazotte avoit, soit par lui, soit par des affidés, une correspondance secrète et suspecte avec les émigrés de Worms, Coblentz, Trêves et Bruxelles, et qui avoit pour objet de s'occuper des moyens d'anéantir la constitution et de rétablir le roi son maître dans ses anciennes prérogatives royales, et avec les sieurs de Laporte et Pouteau, ainsi qu'il est prouvé par sa lettre du deux novembre mil sept cent quatre vingt onze, où il dit : « Beaucoup de députés émigrés du parti de la droite présenteront une protestation à Worms, à un parlement composé de magistrats de divers autres; que ce corps enthérinant la protestation, et prononçant la nullité de ce qui a été fait par l'assemblée constituante, ordonnera à tous les Français de rentrer dans le devoir, sous peine de voir entrer dans leur pays une armée de cent mille hommes qui aideroit les bons sujets du roi à le faire remonter sur le trône ». 2°. Que ledit sieur Cazotte étoit un des agens principaux des trames et complots qui n'ont cessé de s'ourdir au château des Tuileries depuis l'acceptation faite par le roi de la constitution, pour parvenir à l'anéantir, ainsi qu'il est également prouvé par une lettre du premier octobre de la même année mil sept cent quatre vingt onze, dans laquelle il dit : « Nous souffrons beaucoup ici de tout ce que le roi a à souffrir. Le rableur contrefait le sage, le sage n'est pas le mot; beaucoup de gens sont dupes de la contrefaçon et le croient abruti », c'est-à-dire, le roi, 3°. Que ledit sieur Cazotte étoit tellement un des agens principaux et secrets des complots qui se tramoient en pays étranger par les émigrés contre la liberté et la constitution, que dans une autre lettre sans date par lui adressée au sieur Pouteau, il y dit : « Bientôt, pour achever de dénouer efficacement le nœud gordien, MM. d'Artois et de Condé tireront leurs sabres ; la terreur s'emparant alors des Parisiens, ils se jeteront aux genoux du roi pour le prier d'écarter d'eux la tempête, et le roi proposera alors le rétablissement de sa déclaration du mois de juin mil sept cent quatre-vingt-neuf ». Et plus bas, dans cette même lettre : le sieur Cazotte continue ainsi : « Si la banqueroute des millions s'effectuoit, la contre-révolution pourroit faire un pas de géant. Au surplus, redoublons de zèle pour la cause de nos pauvres maîtres », c'est-à-dire du roi et de la reine. 4°. Que le sieur Cazotte étoit exactement informé par le sieur Pouteau de toutes les manœuvres qui étoient employées à Paris par leurs agens communs, pour tromper le peuple et le dégoûter de la constitution, ainsi qu'il est établi dans sa lettre audit sieur Pouteau, du onze décembre, sans date d'année, où il dit : « J'attends des nouvelles du succès de la reine à l'Opéra vendredi, jour où devoit se donner celui d'Adrien », dont la représentation n'a pas eu lieu. 5°. Que ledit sieur Cazotte étoit évidemment un des agens secrets et principaux des émigrés et du roi, conjointement avec les sieurs de Laporte et Pouteau, et étoit informé au jour et à la minute des moyens qui s'employoient de part et d'autre pour opérer une contre-révolution ; que dans une autre de ses lettres, sans date de jour ni d'année, au sieur

Pouteau, il y dit : « Je suis pour le roi, contre tous ; tous les paiemens seront suspendus, hors ceux qui regardent l'entretien des troupes qui auront repris la cocarde blanche à la promulgation de l'ordre : toutes troupes, toutes places qui ne s'y seront pas conformé seront privées de toute solde. « 6°. Que la preuve que le sieur Cazotte étoit véritablement un des agens principaux des émigrés et du roi, et dirigeoit la marche qu'il falloit tenir pour sapper les fondemens de la liberté, l'anéantir entièrement, ainsi que la constitution, de complicité avec les sieurs de Laporte et Pouteau, c'est que dans une lettre à ce dernier, datée du vingt-quatre février mil sept cent quatrevingt-douze, il lui conseille et à leurs agens communs de faire partir le roi sans délai, d'avoir soin qu'il soit accompagné de sa garde, de son régiment Suisse, d'un bataillon choisi de Paris, et du régiment de dragons qui a servi à dissiper la révolte de Noyon. Il indique et trace la route qu'il faut qu'il prenne, et il lui offre sa maison de Pierry et d'autres dans le même lieu, en observant qu'il y a de l'espace pour le campement de cette garde, attendu que son terrein est entouré de murs; ledit sieur Cazotte ajoute qu'il est nécessaire que le roi soit suivi d'une imprimerie, pour qu'il puisse de-là faire imprimer et envoyer une adresse aux émigrés : si l'assemblée est encore au Manège, dit-il, après avoir composé avec les princes, il la renverra chez elle. 7°. Qu'une autre preuve que le sieur Cazotte a toujours été un des conspirateurs et conseillers secrets et perfides du roi, de complicité avec le sieur Pouteau, c'est que dans sa lettre du vingt-deux février, sans date d'année, il lui dit : « Il faut battre le fer tandis qu'il est chaud, si nous voulons affranchir notre maître », c'est-à-dire, le roi, de toutes dépendances, et que les patriotes enrégimentés et en garnison dans son pays, font courir le bruit que dans les premiers jours de mars, (lors prochain

prochain), ils seroient envoyés au nombre de 20,000 dans les environs de Saint-Denis ; il engage son ami Pouteau à empêcher, par tous les moyens possibles, les rassemblemens, en disant, notamment, que la garde nationale de Paris se suffit à elle-même, et que la racaille qui étoit en garnison chez lui ne feroit que l'embarrasser. Le sieur Cazotte termine sa lettre par exhorter à faire prendre l'air à des mouches adroites pour s'armer, si ce rassemblement doit avoir lieu. Ces dernières expressions ne laissent aucun doute que le sieur Cazotte étoit instruit que son complice Pouteau faisoit prendre l'air à des mouches adroites quand il le falloit. 8°. Qu'une autre preuve claire et positive, que le sieur Cazotte, de complicité avec le sieur Pouteau, n'a jamais discontinué, notamment depuis le premier octobre dernier, de correspondre avec les émigrés, relativement aux moyens qu'il falloit employer pour que de concert avec les puissances étrangères, ils fissent au plutôt une invasion dans l'empire français, et qu'il étoit même instruit, au moyen de cette correspondance, de l'époque à laquelle elle devoit avoir lieu, c'est que, dans une de ses lettres audit sieur Pouteau, datée du jour de la Fête-Dieu 1792, il y dit : « Nos maux extrêmes finiront dans trente-quatre jours justes, mon ami ; car nous avons reçu cinq lettres de Trêves, Coblentz, Bruxelles, une autre d'un officier général, homme d'un vrai mérite, qui toutes s'accordent » ; et il a ajouté : « Ce terme est bien court pour les scélérats auteurs de nos malheurs ». 9°. Une autre preuve, non moins positive, que ledit sieur Cazotte, et son complice Pouteau, étoient, sinon les moteurs, ou au moins avoient connoissance des motifs qui avoient fait assembler à Paris cette classe d'hommes connus sous la qualification de chevaliers du poignard, c'est que, dans une de ses lettres audit sieur Pouteau, du 8 mai 1792, il y dit : « Il se rassemble autour du roi dix mille gentilshommes : ces braves ne se fioient pas assez à la garde nationale. Tous les libérateurs du roi sont ou inconnus ou errans autour de lui ; et tout cela agira au moment qu'il faudra bien saisir ».

10°. Qu'une autre preuve non moins constante que ledit sieur Cazotte, de complicité avec ledit sieur Pouteau, étoit un des coopérateurs du complot et de la trahison horrible arrêtés au château des Tuileries, pour être exécutés du 10 au 12 août dernier, et qu'il en avoit au moins connoissance, ainsi que des auteurs, c'est que dans une autre de ses lettres audit sieur Pouteau, du 22 juillet 1792, il y dit : « Qu'il ne faut pas de découragement dans cette quinzaine, qui va amener le grand choc ».

Il ne peut rester aucun doute sur l'existence et la réalité des différens délits imputés au sieur Cazotte, quand on a parcouru, pesé et approfondi les réponses contenues en ses interrogatoires, particulièrement les aveux par lui faits ès articles 9, 10, 17, 19, 20, 21, 23, 24, 25, 29, 30, 38, 40, 41, 42, 43, 45, 46 et 47, 50 et 52, 54, 57 et 58, 59, 64, 65, 66, 67 et 68 desdits interrogatoires. Delà, il suit que le sieur Jacques Cazotte père est prévenu,

1°. D'avoir entretenu, notamment depuis le premier octobre 1791, soit par lui, soit par ses affidés, une correspondance secrette et criminelle avec les émigrés, à Coblentz, Trêves et Bruxelles, et d'avoir, lui-même et personnellement, informé très-ponctuellement le sieur Pouteau, son complice, premier secrétaire du sieur de Laporte, intendant de la liste civile, du résultat de cette correspondance, dont le but étoit d'anéantir la liberté et la constitution, et de rétablir le roi dans ses prérogatives royales;

2°. De n'avoir pas discontinué cette correspondance secrette et criminelle, depuis ledit jour premier octobre dernier, et d'avoir, dans le cours de cette correspondance, engagé et sollicité, depuis ledit jour premier octobre jusqu'au vingt-huit juillet, aussi dernier, les émigrés à tenter une invasion sur le territoire de l'empire français, conjointement avec les puissances étrangères ;

3°. D'avoir engagé son complice Pouteau, à faire partir à cette fin et sans délai le roi de Paris, de le faire accompagner de sa garde, de son régiment de Suisse, et du régiment des dragons qui avoit dispersé la révolte de Noyon, et de lui avoir recommandé de faire suivre le roi d'une imprimerie, pour qu'il pût faire imprimer et envoyer une adresse aux émigrés et ses ordres aux 83 départemens ; d'avoir même indiqué et tracé la route qu'il falloit faire tenir au roi, et de lui avoir fait l'offre de sa maison de Pierry, comme propre à former un petit camp de trois mille hommes auprès de lui;

4°. D'être l'un des coopérateurs, de

complicité avec le sieur Pouteau, d'un rassemblement à Paris, autour du roi, de dix mille hommes, sans aucun caractère légal, et sans avoir été requis par les autorités constituées, que ledit sieur Cazotte, qualifie dans sa correspondance de gentilshommes, et connus depuis long-temps sous le nom de chevaliers du poignard, pour, par les hommes composant ce rassemblement, agir au moment qu'il faudroit bien saisir :

5°. Et enfin d'être l'un des coopérateurs, de complicité avec ledit sieur Pouteau, de la trahison et de la conspiration qui ont éclaté le 10 août dernier à Paris au château des Tuileries, et qui ne devoient avoir lieu que du 10 au 12 du même mois, selon les mesures prises par tous les agens de cet horrible complot; sur quoi les jurés auront à prononcer, s'il y a lieu d'accuser ledit sieur Cazotte, pour avoir aussi sciemment, méchamment et à dessein, formé et coopéré auxdites conspirations et complots tendans à troubler l'État par une guerre civile, en armant les citoyens les uns contre les autres.

Fait à Paris, en la chambre d'instruction des directeurs du Jury, sise en l'une des salles du palais de justice, à ce destinée, le premier septembre mil sept cent quatre-vingt-douze, l'an quatrième de la liberté et le premier de l'égalité.

Signé, FOUQUIER-TINVILLE,
Directeur du Jury d'accusation.

Au-dessous est écrit: *la loi autorise*:

Signé, PERDRY,
Commissaire-national.

La déclaration du Jury d'accusation écrite au bas dudit acte, portant *oui il y a lieu*, etc. *Signé*, DUBOIS.

Le président à l'accusé: Voilà les faits dont vous êtes accusé; on va vous donner lecture des pièces, sur la réquisition de l'accusateur public Réal (1)

(1) Depuis second substitut du procureur de la commune, incarceré au Luxembourg avant le 9 thermidor, actuellement défenseur officieux.

Le greffier a donné lecture de la lettre cotée *A*, dont la teneur suit :

LETTRE *A*.

En même temps qu'on faisoit piller les magasins à Paris, on en usoit de même à Dunkerque et au Hâvre, mais avec un bien plus grand dommage, parce que chez des armateurs on travailloit en grand, et que la force armée des municipalités est impuissante contre les désordres, quand elle ne les favorise pas. Allons, ferme, mon ami ! Si ces deux excès, sur lesquels il n'y a encore ici que deux lettres particulières, se vérifient, il faut tonner contre les monstres, auteurs de ces conjurations combinées, et attirer sur eux la foudre d'en haut et d'en bas.

Lafayette passa hier par Epernay, cajolé, escorté par les républicains de cette sotte et coupable vilenie. Il a prévenu les troupes nationales qui y sont en garnison, qu'il devoit repasser mardi, et qu'il les conduiroit à la gloire. Les voilà dispensés de marcher vers Paris : supposé qu'on eût formé le plan dont je vous ai fait part, supposé que ce plan soit changé, et que le héros dormeur n'ait pas rêvé ce qu'il leur a dit.

Les lettres que nous recevons d'Allemagne nous font part des transports de joie des troupes de l'Empire, croyant entrer à gogo dans le pays de Cocagne. Vous pouvez voir combien leur joie doit être révoltante pour nous. La France peut être perdue, si on ne va pas au-devant de cet essaim de brigands étrangers. Les Prussiens nous en ont donné un échantillon en Hollande, où on a été jusqu'à violer. Jamais la force ne sut se retenir.

Il n'y a pas un quart d'heure à perdre pour aller au-devant de ces désastres.

Comme le roi seul peut arrêter le torrent, il faut briser ses fers ; il faut qu'il vienne, lui-même, au-devant du dommage.

Voici son accompagnement, sa garde, son régiment suisse, un bataillon choisi de Paris, le régiment de dragons qui a dû servir à dissiper la révolte de Noyon.

Avec ce cortège, il peut se mettre hardiment en route, pourvu qu'il ne couche pas dans une ville ; elles n'ont pas besoin de lui demander les raisons de son aversion. Comme le beau temps va venir, sa petite troupe pourra camper autour de lui.

Il s'avancera jusqu'à la plaine d'Ay. Là, il sera à vingt-huit lieues de Givet, à quarante lieues de Metz : il peut se loger lui-même à Ay, où il y a trente maisons pour sa garde et ses équipages. Je voudrois qu'il préférât Pierry, *où il trouveroit également vingt-cinq à trente maisons, dans l'une desquelles il y a vingt lits de maître et de l'espace*, chez moi seul, pour coucher une garde de deux cents hommes, écuries pour trente à quarante chevaux, un vide pour établir un petit camp dans des murs. Mais il faut qu'un plus habile et plus désintéressé que moi calcule l'avantage des deux positions.

Le roi aura un imprimeur dans son bagage, et donnera de là des ordres. Si l'assemblée est encore au Manège, après avoir composé avec les princes, il la renverra chez elle, etc. *cæterorum.*

Je ne puis tracer de plan sur le mode de la réduction des places de guerre à son obéissance; mais je crois que cela s'opérera promptement. L'important est qu'il ait de quoi vivre et faire vivre autour de lui. Je lui suis caution qu'il ne reconnoîtra point le peuple que les Jacobins avoient rendu furieux à son passage; mais il faut exterminer les Jacobins. Voilà l'essentiel, et s'être assuré du duc d'Orléans avant de quitter Paris: sinon ce banqueroutier frauduleux, qui a voulu cautionner en Angleterre le duc de Biron pour 6,000,000 l. occasionneroit de nouveaux désordres.

J'ai reçu le troisième mois, qui me fait un grand plaisir.

Scévole nous écrit à peine un mot, en courant, tous les huit jours : seroit-il aussi privé du plaisir de vous voir ?

24 *février* 1792.

Représentation faite à l'accusé de l'original de ladite lettre, il a déclaré la reconnoître pour être de lui.

Le président : Accusé, quelle étoit votre intention, en disant dans cette lettre que l'on faisoit piller les magasins à Paris, et en offrant la plaine d'Ay, et votre maison de Pierry au roi ?

L'accusé : Je n'ai entendu faire qu'une démarche très-ordinaire.

« Quelles étoient vos vues en conseillant au roi d'emmener avec lui une imprimerie ?

— Plusieurs villes n'en ayant point, j'ai pensé qu'il étoit prudent de faire suivre l'imprimerie royale.

L'accusé

« L'accusé entre ici dans des détails sur sa vie politique et privée, etc.; mais il déclare avouer franchement, qu'il n'a jamais été partisan de la constitution, parce qu'il la voyoit sur son déclin. La foiblesse de son organe excite les réclamations des jurés; et après avoir entendu l'accusateur public, faisant droit sur son réquisitoire, le tribunal ordonne que l'inspecteur de la salle fera disposer un siège, afin que l'accusé puisse être mieux entendu. Au bout d'environ un quart-d'heure, il a été placé près les membres du tribunal en face des jurés, ayant à sa droite sa fille, et à sa gauche son défenseur. »

Le président à l'accusé: Vous venez de nous déclarer que vous n'avez jamais été partisan de la constitution parce que vous la voyiez sur son déclin, qu'entendez-vous par ces expressions ?

L'accusé: J'ai cessé d'être attaché à cette constitution, lorsque j'ai vu qu'elle provoquoit l'anarchie, qu'elle attaquoit les personnes et les propriétés, tout en disant qu'elle les protégeoit; je voyois d'ailleurs que les pouvoirs créés par elle, ne pouvoient exister long-temps, étant toujours à s'entre-choquer et à se détruire: j'ai desiré voir la dissolution de l'assemblée nationale, parce que cette constitution vicieuse étoit son ouvrage. A l'égard des lettres trouvées chez moi, j'avois des dames dont les parens ou les amis sont émigrés; elles se plaignoient et écrivoient dans mon bureau (1) qui devenoit pour elles un rendez-vous d'amis: quant à moi, j'écrivois mes opinions et mes rêveries à mon vieux ami Pouteau.

« Je vous observe qu'en écrivant au sieur Pouteau, votre intention, sans doute, étoit que vos lettres fussent ouvertes au roi? »

---

(1) Il s'agit ici d'autres lettres que celles servant de pièces de conviction. (Note de l'éditeur.)

— Je voulois que mes moyens fussent connus de ceux qui étoient dans le cas d'en profiter : j'aurois même desiré que l'assemblée nationale voulût revenir sur ce qu'elle avoit fait de vicieux.

« Qu'entendez-vous par ces mots de ladite lettre : *j'ai reçu le troisième mois qui m'a fait un grand plaisir !* »

— Mon ami Pouteau faisoit rédiger à Paris, un petit journal intitulé : *les folies d'un mois, à deux liards par jour* ; il me le faisoit passer par trente numéros à la fois : au moment que je lui écrivis cette lettre, je venois de recevoir la troisième collection.

« Je vous observe que les plans contenus dans votre lettre tendoient au retour de l'obéissance absolue au roi? »

— Je ne pouvois avoir une pareille intention, sachant que l'obéissance absolue n'appartient qu'à Dieu.

« Qu'entendiez-vous par ces mots de la même lettre : *il faut exterminer les jacobins !* »

— Je n'ai pas prétendu que le sang

fût versé ; j'avois chez moi des personnes qui l'étoient, et j'aurois été affecté qu'il leur fût arrivé du mal : je desirois seulement qu'on les empêchât de délibérer.

« Vos fils ne sont-ils pas émigrés ? »

— Mon cadet a émigré malgré moi. (L'accusé entre dans des détails de famille : son neveu Cazotte, commandant le bataillon de la Côte-d'Or, a été tué à l'affaire de Philippeville en combattant pour la patrie.)

Le greffier donne lecture de la seconde lettre.

LETTRE *B.*

PARDON, mon cher ami, si vous n'avez rien de moi que quelques lignes, et de nouveaux remerciemens pour vous et Madame Mari, des marques d'intérêt et d'amitié que vous avez données à mes deux fils. Dieu veuille que nous puissions être en état d'en témoigner notre reconnoissance !

Je ne sais rien de si alarmant que la position de Paris avec ses Jacobins, son maire Jacobin, ses députés Jacobins, et les Jacobins de la légion de Jourdan, qui y arrivent avec l'uniforme de sans-culottes. Que le roi se hâte de se donner une garde à lui; je crache sur les gardes de la porte: quand quelques-uns d'eux auroient bien fait, ces lâches petits bourgillons de Versailles ne pouvoient ignorer les trahisons méditées par la commune. Il faut casser tout cela, et le remplacer par des gens non mariés qui n'entourent pas le roi de truandaille. Quoique je forme des plans pour la sûreté de mon maître, je suis, dans le vrai, tranquille pour sa vie. Dieu veille pour lui, nous en sommes sûrs, et disons avec confiance le verset de l'*Exaudiat*, dont voici le sens: *A présent nous avons connoissance que Dieu a sauvé son Christ.* Du reste, l'enthousiasme du voluble peuple de Paris ne nous enthousiasmeroit pas. Faites donc presser pour la liquidation des charges : je la crois importante au bien-être, pour la suite et la sûreté actuelle de notre maître.

Il faut donc que vous n'ayez pas lu mon commentaire sur le grimoire, ou mon galimathias double, puisque vous ne m'en parlez pas. Il contient des choses de toute vérité, et des notes faites pour mettre sur la voie de la découverte de l'infâme association existante en Europe contre les pouvoirs divins et humains.

Il faut que vous vous arrangiez des idées dans la tête, pour le temps où vous serez attaché au ministre de Paris, afin de les développer à la première occasion.

Je vous embrasse de tout mon cœur.

29 Novembre.

Il vint hier huit Sans-culottes dans Pierry ; ils passèrent en jurant devant ma maison, dont la porte étoit ouverte, entrèrent dans la porte-cochère à côté ; de-là poursuivirent, se faisant donner de l'argent pour suivre leur route, et à boire, avec les propos que vous pouvez devinez. Quelques-uns avoient des armes, et deux étoient en uniforme.

Le président : Qu'entendiez - vous par les mots de cette lettre : *je ne sais rien de si alarmant que la position de Paris avec ses jacobins, son maire jacobin, etc !*

L'accusé : Retiré à la campagne, et n'ayant aucune relation avec les Jacobins, je n'ai connu de leur conduite, que ce que les gazettes et journaux en disoient : ceux imprimés à Paris, les accusoient de tous les délits qui ont bouleversé le royaume depuis trois ans, ce qui m'engagea à faire des vœux pour leur dissolution ; il se peut que j'aie erré, mais je ne pense pas que l'on puisse m'en faire un crime ; c'est à ceux qui payoient les frais desdites feuilles qui, répandues avec profusion dans nos campagnes, y égaroient l'esprit et les opinions des gens retirés : si ces papiers contenoient des faits faux, il faut s'en prendre à ceux qui les faisoient circuler, attendu qu'il est constant que celui qui paie pour faire le mal, est plus coupable que celui qui le fait.

« Je vous observe qu'il est étrange que vous, accusé, qui desiriez avoir des nouvelles, n'ayiez pas fait choix de ceux des journaux qui sont dans le sens de la révolution ? »

— Les journaux dont vous me parlez étoient suspectés de tronquer les faits, et de les retourner selon le sens du parti dominant.

« Qu'entendiez-vous par ces mots : *faites promptement rembourser les charges ?* »

— C'est que j'y avois mon intérêt, puisque j'avois à poursuivre le remboursement de la mienne.

« Quelle est la secte dans laquelle

vous dites que vous êtes entré ? N'est-ce pas celle des illuminés ? »

— Toutes les sectes sont illuminées ; mais celle dont je parle dans ma lettre, est celle des martinistes : j'y suis resté attaché l'espace de trois ans : différentes causes m'ont forcé de donner ma démission, néanmoins j'en suis toujours resté l'ami. Lecture est faite de la troisième lettre, cotée B-C.

LETTRE C.

Pierry, juin 1792.

JE ne me rappelle point, mon ami, ce que contenoit ma dernière lettre ; mais je souhaite faire passer dans votre cœur les abondantes consolations que nous avons reçues depuis l'héroïque journée du mercredi. Ah ! que nous avons pleuré, dans ma maison, le jeudi en apprenant les circonstances de la passion de *notre seigneur !* mais c'étoit avec foi dans sa résurrection, et la confiance qu'il seroit le *sauveur* de notre pays, comme celui dont il étoit ici en tout sens l'image, l'a été de tous les hommes. En voyant ce que nos Juifs lui ont fait souffrir, vous voyez ce que nous avons lieu d'en espérer; car il ne se sera pas rendu inutilement anathême pour le salut de son peuple. Il faut, mon cher, voir cette affaire-ci toute en Dieu, comme voyoit *Malebranche*. Depuis plus de deux cents ans, Satan avoit résolu, par la ruine entière de la maison de Bourbon, celle de la religion de la France et de toute l'Europe; il n'y a point de machines qu'il n'ait mises en œuvre pour cela. Il avoit trouvé le moyen de s'emparer de la volonté des trois quarts des hommes de cette malheureuses monarchie, et la possession qu'il avoit prise d'eux est encore visible dans les regards de tous ces malheureux. Entr'autres, il avoit attiré en Angleterre le duc d'Orl. .... pour lui faire trouver là des moyens d'en venir au but auquel il lui avoit suggéré de prétendre. Ces moyens furent montrés à de bonnes ames, pour qu'elles en arrêtassent l'effet par leurs prières ; et quand le porteur, se croyant assuré du succès, se présenta, muni d'eux, au milieu de la chambre de la noblesse, pour la décider à le suivre, il tomba les quatre fers en l'air. Les pauvres ouvriers de Dieu reconnurent, à cette seule marque, que leur travail avoit eu du succès, et persévérèrent. Depuis ce temps, ils n'ont donné aucun relâche à l'ennemi démasqué. Je ne parle pas ici du triste duc, qui n'étoit qu'un instrument, mais bien dangereux, puisqu'aveuglément, et sans le savoir, en croyant faire l'avantage de sa propre race, il livroit toute sa maison : je parle du promoteur en chef de toutes les disgraces de l'homme, ici et ailleurs. Depuis ce temps, notre impitoyable adversaire a vu chaque jour décroître sa puissance par le désarmement successif des créatures humaines vivantes, employées par lui à l'exécution de ses coupables desseins, et l'impuissance à laquelle ont été réduites celles qui étoient, ou fraîchement ou anciennement, entre les morts. Il en a redoublé de rage, et de là les crimes partiels qu'il fait commettre par ceux dont il s'est rendu maître ici-bas. Mais les attentats décisifs lui sont interdits, et entr'autres ceux qu'il inspireroit sur les personnes royales. La garde céleste qui les entoure est la même qui environnoit les rois d'Israël qui marchoient dans la voie du Seigneur. Voltaire s'est bien moqué de cette garde, l'armée de *Xercès* ne lui étoit pas comparable. Une foi vive, qui a ses points d'appui, me dit que mon roi en est entouré : tous les impies qui approcheront de lui seront forcés de courber la tête, au lieu de pouvoir lever sur lui leurs bras sacrilèges. Il n'y a rien de si beau et de si vrai que ce que je vous dis ; et, dans un cas d'émeute, Louis XVI peut en faire l'essai. Qu'il se porte rapidement, avec vingt-cinq gardes à cheval comme lui,

au

au lieu de la fermentation, tout sera forcé de plier et de se prosterner devant lui. Le plus fort du travail est fait, mon ami; le roi s'est résigné et mis entre les mains de son créateur : jugez à quel degré de puissance cela le porte, puisqu'Achab, pourri de vices, pour s'être humilié devant Dieu, par un seul acte d'un moment obtint la victoire sur ses ennemis. Achab avoit le cœur faux, l'ame dépravée, et mon roi a l'ame la plus franche qui soit sortie des mains de Dieu; et l'auguste, la céleste Elizabeth a sur le front l'égide qui pend au bras de la véritable sagesse. Ne craignez rien de Lafayette, il est lié comme ses complices : nous l'avons vu coîffé comme il doit l'être un jour. Il est, comme sa cabale, livré aux esprits de terreur et de confusion; il ne sauroit prendre un parti qui lui réussisse; et le mieux pour lui est d'être mis aux mains de ses ennemis par ceux en qui il croit pouvoir placer sa confiance. Ne discontinuons pas cependant d'élever les bras vers le ciel; songeons à l'attitude de Moïse tandis qu'Israël combattoit. Il faut que l'homme agisse ici, puisque c'est le lieu de son action : le bien et le mal ne peuvent y être faits que par lui. Puisque presque toutes les églises sont fermées, ou par l'interdiction ou par la profanation, que toutes nos maisons deviennent des oratoires. Le moment est bien décisif pour nous : ou Satan continuera de régner sur la terre comme il fait, jusqu'à ce qu'il se présente des hommes pour lui faire tête, comme David à Goliath ; ou le règne de Jésus-Christ, si avantageux pour nous, et tant prédit par les prophètes, s'y établira. Voilà la crise dans laquelle nous sommes, mon ami, et dont je dois vous avoir parlé confusément. Nous pouvons, faute de foi, d'amour et de zèle, laisser échapper l'occasion; mais nous la tenons. Au reste, Dieu ne fait rien sans nous, qui sommes les rois de la terre; c'est à nous à amener le moment prescrit par ses décrets. Ne souffrons pas que notre ennemi, qui ne peut rien sans nous, continue de tout faire, et par nous. La belle étoile que celle de Louis XVI! S'il persévère, si nous n'avons pas le malheur de l'abandonner, il effacera la gloire de Salomon, flétrie par ses prévarications ; il sera le modèle et le flambeau de l'Europe. Je verrai le commencement de cela, et chanterai, en m'en allant, le *Nunc dimittis*. Vous et mes enfans vous jouirez ici, tandis que je bénirai ailleurs. Pour vous fortifier, lisez les saintes écritures, seul contre-poison de toutes les rêveries philosophiques par lesquelles nous avons été égarés. Adieu, mon cher ami ; je consigne ma lettre aux gardiens incorruptibles des correspondances des chrétiens entr'eux, pour que le secret n'en soit point violé. (Ainsi figuré.)

Je vous embrasse de tout mon cœur.

Le président : Qu'entendiez-vous par ces mots de votre lettre : *ne craignez rien de Lafayette ; il est lié par ses complices, etc !* »

L'accusé : Je ne sais si l'on me fait mon procès comme visionnaire ; mais ce que je crois, c'est que la contre-révolution ne peut s'opérer que par la prière.

« Qu'entendiez-vous par ces mots : *Je consigne ma lettre aux gardiens incorruptibles des correspondances des chrétiens entr'eux !* »

— Ayant entendu dire que l'on décachetoit les lettres, j'ai cru devoir la mettre sous la surveillance des anges.

« Je vous observe que le fanatisme a toujours été un des moyens employés par ces prêtres égoïstes, qui, dans tous les temps, ont plus aimé le veau d'or que Jésus-Christ, et il est important que vous vous expliquiez sur ces mots : *Puisque presque toutes les églises sont fermées, ou par l'interdiction, ou par la profanation, que toutes nos maisons deviennent des oratoires* ; car vous ne devez point ignorer que les églises constitutionnelles ne le sont pas ! »

— J'allois à la messe et à confesse au curé constitutionnel.

« Il est étonnant que vous alliez à la messe d'un prêtre auquel vous ne croyez point ?

— Étant maire de Pierry, et pour ainsi dire le doyen d'âge, je le faisois pour l'exemple ; d'ailleurs, Judas étoit à la suite de Jésus-Christ, et faisoit bien des miracles comme les autres apôtres.

Lecture est faite de la quatrième lettre.

LETTRE *D.*

30 *avril* 1792.

Ce pauvre roi de Suède est-il mort ? est-il vivant ? Je vous le demande, mon cher Pouteau. Les gazetiers me donnent la question.

Les démagogues circonstancient sa mort à la rendre croyable ; mais ils ont un grand intérêt à persuader au peuple que les Jacobins peuvent, en trois mois, détruire toutes les têtes couronnées de l'Europe, afin de l'engager à se livrer à tous les excès auxquels l'esprit de fanatisme et de brigandage les porte.

Durosoy dit : le roi fait mieux. Fontenay (1) qui bat, pour rendre sa feuille marchande, tantôt sur la caisse, tantôt sur le tambour, dit : il étoit en danger le 6 d'avril.

Il n'étoit donc pas mort le 29 de mars, comme l'annonçoit le Moniteur et les autres pamphlets de la même clique. Nous sommes ici torturés ; car nous prenons grand intérêt à un prince qui se déclare si bon ami du nôtre : et nous aimerons à voir le crime malheureux dans son succès, et puni par celui même sur lequel il avoit attenté.

Un mot de vous, mon cher ami, une ligne ; je vous promets quatre pages en revanche. Je gage que la banque

---

(1) Rédacteur du Journal Général de France. (Note de l'éditeur.)

Vauvineux va toujours son train, et paie en belle monnoie; mais pour que je sois assuré que cela ira jusqu'au bout, il faut que les gens que je vous ai nommés soient quelque part derriere. Si on ne les voit pas chez Vauvineux, on doit les avoir apperçus à la Monnoie. Faites, faites, faites votre enquête; et après cela je me fais fort de faire avoir le fond du secret au roi quand il pourra agir par lui-même, et engagez ceux que vous mettrez en mouvement, au silence. Vous en connoîtrez l'importance par la suite.

Je suis d'une humeur de chien, cela ne m'empêche pas de vous aimer de tout mon cœur.

Le président: Que signifie l'intérêt que vous preniez au roi de Suède? le croyiez-vous ami de Lous XVI?

— Voyant contre nous une coalition de toutes les puissances, et qu'il nous étoit impossible d'éviter la bombe, j'ai fait des vœux pour que le roi de Suède fût à la tête de cette coalition, lui connoissant des vertus martiales et un grand caractère ; et sachant par expérience que les hommes de cette trempe ne traitent jamais les choses en petit, j'avois désiré que ce fût lui qui se rendît le pacificateur de mon pays, l'en croyant digne par son expérience dans l'art militaire et par ses vertus.

« Pour quelle raison préfériez-vous le roi de Suède à tout autre pour pacifier votre pays?

— On a ordinairement de la prédilection pour l'héroïsme; j'aime et ai toujours aimé les hommes à caractère, parce que je sais comme je viens de le dire, que d'un grand caractère il n'en sort pas de petites choses, vu qu'il traite tout en grand.

« Qu'entendiez-vous par ces mots : *fanatisme et brigandage !*

— J'entends par fanatisme l'exaltation : or, il y a fanatisme dans tous les partis. La liberté a aussi les siens ; dans celle-ci, c'est quand on passe par-dessus toute considération humaine.

Lecture est faite de la cinquième lettre.

LETTRE *E*.

VOTRE lettre, mon très-cher, a été pour moi comme le retour des hirondelles qui nous annonce le printemps après le plus fâcheux hyver. J'écrivois à Jacques mon cousin, pour savoir ce que vous êtes devenu au milieu de cette étonnante bagarre. Je ne vous dis rien de ce qui l'avoit occasionnée : j'étois bien d'avis de l'escapade, mais jamais de la frontière, ni de paroître mettre sa confiance dans la troupe. Le roi a été vendu dès le principe de l'entreprise : ses ennemis savoient tout, et on a mis en œuvre les plus infâmes ressorts pour irriter le peuple contre lui, sur toute sa route. Graces à Dieu, il a échappé à tous les périls dont on l'avoit serré, et ses malheurs touchent à leur fin. J'ai été assez heureux pour lui faire parvenir, au nom de Dieu, une petite consolation au milieu du fiel et du vinaigre dont on l'abreuvoit. Voyez la gazette de Durosoy, article: *O vous que je n'ose nommer!* Mon messager s'est avant et plus long-temps exposé que M. de Dampierre; les bonnes gens de mon village le voyoient agir et parler; mais tous les possédés étoient aveugles. Comment cela se faisoit-il? C'est le sceau d'en-haut. La reine n'a caché ni la chose ni le nom, puisqu'on nous en a écrit; et vous, serviteur de la maison, vous l'apprenez de moi! mais pour le taire, et ne pas même m'en parler dans vos lettres. Le club des Jacobins règne encore à Epernay, par les racines qu'il a su y prendre, en ramassant les suppôts de l'ancienne faction; aussi y parle-t-on d'arranger les aristocrates sur l'air de *ça ira*: mais j'ai trop raison de me rassurer pour craindre ces malheureux fanatiques. Oui, mon ami, oui, la chose va tourner à bien, autant qu'elle peut y tourner. Mais tout est l'ouvrage du ciel; et il a encore son coup à frapper, sans quoi il n'y auroit rien de fait. Il faut que notre sainte religion, attaquée depuis quarante ans par une foule d'impies, reprenne l'empire qu'elle doit avoir sur nous. Seule, elle peut ramener les sujets à l'obéissance, les troupes à la subordination; seule, elle peut faire paroître le roi excusable des actes de clémence qu'il va être dans le cas de faire, comme des actes de sévérité nécessaires; seule, quand les grands reviendront avec une foule de prétentions, augmentées par la liste des persécutions qu'ils ont essuyées, et demandant vengeance, elle peut mettre dans la bouche du roi : *Nous avions tous péché, nous avons tous été châtiés. Mon peuple a été séduit, entraîné: je n'en veux qu'à ses corrupteurs en tous genres. Ses plaintes, au fond, étoient justes. Je veux que tous les torts soient redressés, je veux qu'il jouisse d'une liberté dont il ne puisse faire abus.* Ah ! que j'aspire à voir mon maître, mon cher maître, dans le cas de prononcer cette harangue !

Je vous suis bien obligé de toutes vos nouvelles : ne m'en laissez pas manquer. Si vous prenez du ressort, tâchez de nous en faire liquider. Je ne veux autour du roi que des domestiques de son choix, qu'il puisse renvoyer quand il lui plaît. Les gens en charge sont trop à charge.

Ce que vous pensez du maire de Paris est juste : au moment où je vous parle, il doit être entrepris de manière à ne plus se mêler des cabales.

Adieu ! adieu ! nous avons bien souffert, nous souffrirons bien ; mais l'horizon s'éclaircit. Louange à l'auteur de tout bien !

Je vous embrasse de tout mon cœur.

24 juillet 1791.

Faites, je vous prie, mettre ce billet à la petite poste ; je vous en serai obligé.

Le

Le président: « Qu'entendiez-vous par ces mots: *J'écrivois à Jacques, mon cousin ?* »

L'accusé: Jacques est le nom d'un de mes cousins qui demeure à Paris, rue Thévenot.

« Que vouliez-vous dire par ces autres mots : *J'étois bien d'avis de l'estacade, mais jamais de la frontière ?* »

— Cette lettre fut écrite dans le temps de la fuite du roi; je l'avois toujours desirée, ainsi que la translation de l'assemblée nationale hors de Paris, dans une ville quelconque, pourvu qu'elle ne fût pas influencée dans ses délibérations; ce que je jugeois par les décrets que je voyois rendre.

« Que signifient ces mots : *J'ai été assez heureux pour lui faire parvenir, au nom de Dieu, une petite consolation au milieu du fiel et du vinaigre dont on l'abreuvoit ?* »

— Dès le moment que l'on apprit à Epernay l'arrestation du roi, mon fils aîné partit avec la garde nationale de

Pierry qu'il commandoit, et se rendit à Varennes pour contribuer à ladite arrestation ; comme il eut le bonheur d'approcher de la famille royale, auquel il se rendit serviable, la reine lui demanda son nom; et lorsque quelque temps après il vint à Paris il fut reçu dans la garde du roi.

« Qu'entendiez-vous par ceux-ci : *Mon messager s'est avant et plus longtemps exposé que M. Dampierre !* »

— Ce messager étoit mon fils aîné.

« Que veulent dire ces mots : *Ce que vous pensez du maire de Paris est juste ; au moment où je vous parle, il doit être entrepris de manière à ne plus se mêler des cabales !* »

Je ne m'en ressouviens pas ; je dirai la vérité pour et contre moi.

« Que signifient ceux-ci : *la reine n'a caché ni la chose ni le nom !*

— Il s'agit de la réception de mon fils dans les gardes du roi.

On donne lecture de la sixième lettre.

LETTRE F.

GRACES au déplacement de M. d'Arboulin, mon très-cher, et pour ne pas exposer soi et ses amis à faire le voyage d'Orléans, on ne risque plus rien par la poste. Cette entrave est le comble des chefs-d'œuvres opérés dans la troisième et dernière année de la liberté. Cette lettre vous arrivera par Scévole dans une boëte mise au voiturier.

Nos maux extrêmes finiront dans trente-quatre jours justes. Mon ami, nous avons reçu cinq lettres, de Coblentz, de Trèves, de Bruxelles; une, entr'autres, d'un officier-général, homme d'un vrai mérite, qui toutes s'accordent. C'est pour nous la longueur d'un rigoureux carême : ce terme est bien court pour les scélérats auteurs de nos maux; encore trouveront-ils à le remplir de quelques nouvelles atrocités. Je ne puis vous dire combien j'ai été sensible à l'aventure de M. de Laporte, depuis à celle de M. de Brissac et de sa troupe, mon pauvre Scévole y compris; et quand je pense à la douleur de notre infortuné maître, je n'y tiens pas, mais je n'ai point de frayeur pour lui: à mesure qu'on lui enlève sa garde visible, l'invisible est doublée; et si quelque malheureux s'armoit pour le frapper, saisi d'aveuglement, il tourneroit son poignard contre lui-même. Croyez, mon ami, que je ne vous parle pas sans fondement. Ignorans, comme nous le sommes, des détails qui doivent être le produit de ces évènemens-ci, nous sommes assurés du succès général de la chose. Dieu intervient, comme sa majesté, et ses lois lui permettent d'intervenir; et dès qu'il s'en mêle, rien ne se fait à demi. Or, si Louis XVI n'étoit pas sauvé, rien ne pourroit nous tirer de la confusion dans laquelle nous jeteroit une minorité. De plus, Louis XVI est appelé à régner sagement et glorieusement, à rétablir le culte divin dans toute sa splendeur ; mais il doit être en garde contre un de ses penchans : c'est la clémence. Le royaume, souillé par tant de crimes, ne peut être purifié que par le sang des criminels : cela regarde la justice ; c'est à elle à faire les sacrifices. Qu'il se garde bien d'arrêter le glaive ; qu'il réfléchisse aux châtimens qu'ont éprouvés les chefs et les princes des Israélites qui ont ménagé des victimes désignées par le Seigneur. L'homme ne sait ce qu'il fait, quand il veut épargner ce sang ; sa compassion dégénère en cruauté, dont les gens qu'il a voulu sauver deviennent les objets. Le plus grand bonheur qui puisse arriver à un criminel, est d'être supplicié sur la terre, parce qu'on ne paie pas deux fois, et qu'il est terrible de tomber coupable et impuni dans les mains ou sous la justice du Dieu vivant.

Mais que de coupables à punir !

j'en vois bien d'autres, mon ami. A Paris, tout est criminel, depuis le salarié du manège à 18 liv. , jusqu'au rentier qui touche froidement ses rentes, tandis que son roi, torturé de mille manieres, sert d'ôtage à la sûreté de la ville, et de gage de fidélité aux engagemens publics. Cependant les femmes se parent, courent les spectacles de toutes les espèces, ne respirent que dissipation, tandis que nous, consternés et prosternés, nous appelons la vengeance et la miséricorde. Les femmes de Paris me sont odieuses, et je demande pour elles l'entière exécution du deuxième ou troisième chapitre d'Isaïe, dans lequel le prophête dit : « Que quand Dieu aura rendu au » peuple ses princes et ses juges, toutes » les femmes seront rasées ». Je demande que la duchesse de Bour..... soit à la tête avec la demoiselle d'Auv......., la Rochef...., la Coig..., mon amie, et tant d'autres, en finissant par les dames de la halle. Ce sont les femmes amoureuses de l'indépendance et de la nouveauté, qui ont perdu les hommes; elles mériteroient le fouet: qu'on les rase, et on obéit à Dieu.

La garde parisienne préserve les jours du roi, mais elle travaille pour elle-même : c'est un roi constitutionnel et son esclave qu'elle garde. Elle seroit désespérée de voir le descendant de St.-Louis sur le trône indépendant qu'a laissé Saint-Louis à ses enfans.

Paris ayant son roi pour ôtage, attendra que les efforts de l'Allemagne viennent le lui arracher, et s'en fera un gage pour se faire ménager. Quel horrible projet! De quoi menaceront-ils? Le mettront-ils lui et sa femme sur la brêche?

Paris l'a laissé dépouiller de sa garde, et mis, pour ainsi dire, Pétion sur le trône.

Est-ce assez de ne pas égorger, de ne pas laisser égorger son maître? Doit-on souffrir qu'on l'insulte, qu'on le maltraite et l'humilie à tout propos?

Ah! canaille maudite, qui n'avez ni foi, ni loi, ni d'autres règles que votre intérêt mal entendu ! Dieu me donne soif et faim de la vengeance qui doit tomber sur vous : les éloges que l'on fait de votre fidélité à bien préserver le prisonnier dont vous avez forgé les fers, m'indignent. Je consentirois à être broyé dans un mortier, pour que vous fussiez châtiés comme vous méritez de l'être.

Je m'échauffe, mon ami ; mais le sujet le veut. Passons à des choses plus gaies. Croiriez-vous que mon bel esprit fait la coqueluche de Coblentz ? cela fait passer des jours très-heureux à mon cadet qui y est ; mais la poésie n'empêche de mourir de faim, ni ceux qu'elle inspire, ni leurs descendans.

Mille complimens à madame Mary.

Si les deux liards vont, donnez le volume à mon fils, qui me les fera parvenir par une occasion.

Aimez les miens qui vous aiment bien.

Je vous embrasse de tout mon cœur.

A propos, j'ai dit du duc d'Orl ..., qu'il avoit tellement souillé le crime, qu'il en avoit dégoûté pour un siècle.

Le jour de la fête-Dieu, 1792.

Il faut tourner la phrase au dire d'un gourmet. Le duc d'Orléans, tellement souillé, etc..... qu'il en aura, etc.....

Le président: Qu'entendez-vous par ces mots, contenus dans cette lettre: *nos maux extrêmes finiront dans trente quatre jours justes: mon ami, nous avons reçu cinq lettres, de Coblentz, de Trêves, de Bruxelles, etc!* Je vous observe à cet égard, qu'il paroît que vous étiez en correspondance avec les ennemis du dehors?

L'accusé: Je n'ai point entretenu de liaisons avec aucunes personnes: dès que j'ai vu, par la tournure que prenoient les affaires, que l'on ne pouvoit pas éviter l'invasion des brigands étrangers, j'ai pris mon parti; les lettres que j'ai reçues venoient d'un officier général, et de trois femmes.

« Quel est le nom de cet officier général ? »

— Dans la position où je me trouve, je ne serai point assez lâche pour être dénonciateur, dussé-je perdre la tête.

« Que veulent dire ces mots : *Je ne puis vous dire combien j'ai été sensible à l'avanture de M. Laporte, depuis à celle de M. de Brissac ?* »

— L'aventure arrivée à M. de Laporte étoit l'affaire des papiers de madame Lamotte, et celle de M. de Brissac étoit le licenciement des gardes du roi, dont mon fils étoit du nombre.

« Que signifient ces mots : *Que Louis XVI se garde bien de céder à un de ses penchans, la clémence !* »

— Dans la position où se trouvoit la nation, il y avoit certainement des criminels : or, je demandois leur punition, principalement celle des auteurs des massacres d'Avignon.

« Que pensiez-vous de Louis XVI pendant les travaux de la constitution ? »

— Je le regardois comme forcé dans tout ce qu'il faisoit, notamment dans sa sanction.

« Qu'entendiez-vous par ces mots : *à Paris tout est criminel, depuis le salarié du Manège à 18 liv., jusqu'au rentier qui touche froidement ses rentes* » ?

— Voyant dans les papiers publics, que le roi étoit journellement insulté à Paris, j'avois pensé que les Parisiens ne méritoient pas de posséder Louis XVI au milieu d'eux.

« Je vous observe que le roi que vous prétendez n'avoir pas été libre dans Paris, n'a pourtant jamais tant fait usage de son *veto*, pour paralyser les décrets les plus bienfaisans, puisqu'ils tendoient à ramener la tranquillité publique, et à se débarrasser des prêtres perturbateurs ? »

— J'ai entendu dire que le roi avoit mis son *veto* sur quelques décrets ; mais je ne peux dire s'il faisoit bien ou mal, attendu que je ne suis pas son juge.

« Vous êtes peut-être fatigué : le tribunal est prêt à vous accorder le temps que vous croirez nécessaire pour prendre nourriture, raffraîchissemens ou repos? »

— Je suis très-sensible à l'attention du tribunal. La fièvre qui me tient en ce moment, me met dans le cas de soutenir le débat : d'ailleurs, plutôt mon procès sera terminé, plutôt j'en serai quitte, ainsi que MM. les juges et les jurés.

« Je vous observe que vous avez dit n'avoir point entretenu de correspondances avec les émigrés, et cependant dans cette lettre, vous dites : *croiriez-vous que mon bel esprit fait la coqueluche de Coblentz !* »

— Mon fils cadet qui a émigré malgré moi, m'avoit écrit pour avoir de l'argent ; il n'y a rien là que de très-naturel.

« Qu'entendez-vous par le mot : *crime !*

— J'entends par le mot *crime*, une offense

offense: on offense un roi, un roi constitutionnel, on offense un ami; tout cela s'appelle crime.

Lecture a été faite des 7, 8, 9, 10, 11 et 12me. lettres.

LETTRE G.

22 *juillet* 1792.

JE n'ai point de vos nouvelles, mon cher Pouteau, et cela me fait bien de la peine. Je crains le découragement, et il n'en faut pas dans cette quinzaine qui va amener le grand choc. Nos maîtres sont sous la protection divine, je n'en saurois douter; et cela entretient mon espérance. Leur état actuel est un effet de la malice démoniaque: l'évènement arrivé à Aranjuès, le 20 juin, en est la preuve. Un coup de tonnerre, parti de la région inférieure, y fait du vacarme, y cause du désordre, sans néanmoins tuer ni offenser personne.

On avertissoit le roi d'Espagne que le coup porté à sa maison, le même jour aux Tuileries, partit d'en-bas, et non d'en-haut, et on le rassuroit sur les suites; mais où le philosophe d'Aranda est lumière, tout doit être aveugle. Il n'y a que pour nous que le fait soit clair; profitons-en pour redoubler de confiance et d'efforts du genre de ceux que nous pouvons faire. Vous craignez peut-être toujours les infidélités de la poste. J'adresse ce billet ci à mon fils par un de nos propriétaires d'ici, qui va à Paris. Allons, mon cher ami, prenez courage; nos malheurs touchent presqu'à leur terme. Cessez de gémir sur la méprisable indifférence des Parisiens; ils en seront punis de toutes les manières. Ecrivez-moi un mot. Aimez-moi. Je n'ai pas le temps de vous en dire davantage.

LETTRE *H.*

5 novembre 1792.

Je vous envoie, mon ami, un petit supplément à donner par-dessus le marché, dans notre feuille à deux liards.

Il est temps que tout ceci finisse. Vous ne sauriez croire à quel point les directoires sont méprisés par le peuple.

Celui d'Epernay veut toucher aux petits biens des fabriques de village. Trois communautés ont envoyé des députés qui ont promis de bâtonner les ordonnateurs. Le président a voulu prendre la parole: *et vous aussi, M. le président,* lui ont dit les ambassadeurs.

Prions Dieu qu'on prenne la cocarde blanche d'ici à huit jours à Paris; que les intelligences des princes la fassent prendre aux soldats des garnisons, et la contre-révolution est faite en dépit des avocats, des procureurs, des huissiers, des maîtres d'école qui cherchent à tenir le peuple des petites villes et des campagnes dans l'équilibre constitutionnel. Mais, que fera-t-on de cette méprisable canaille qui a servi les fureurs des Jacobins?

Vous ne pouvez vous faire une idée de l'insolence de nos petits nouveaux despotes. Quels sont vos moyens et vos raisons pour le ridicule bouleversement que vous voulez faire, disoit notre curé à un de ces ridicules tyranneaux?

Nos moyens, répondit-il, sont la puissance, et *pro ratione voluntas*.

Il ajouta: on sait que beaucoup de gens desirent la contre-révolution. Malheur à eux, si rien n'est entrepris pour l'effectuer. Le sang coulera de toutes parts.

Ces menaces sont directes à notre village, dans lequel il y a 32 maisons de gens aisés.

Avec l'aide de Dieu, nous nous moquons des menaces ; mais le crime aussi impudent nous remplit d'indignation.

M. le commandeur de Dampierre, mon ami intime, veut s'abonner pour le journal à deux liards. Il demeure entre Troyes et Arcis-Sur-Aube. Voici son adresse. *A Dampierre, par Arcis-sur-Aube, Champagne.*

La seule chose à faire est de lui envoyer toute la collection depuis le commencement; il fera payer par son portier le prix de l'abonnement, pourvu que vous puissiez lui faire passer sous le contre-seing : je vous réponds de lui. Faites ce bien à votre imprimeur.

Je vous embrasse.

Je reçois deux journaux et le placard.

LETTRE *I.*

Le moment s'avance, mon cher ami; mais il en faudra profiter habilement et vertement pour parer aux plus affreux désordres. Mais si le gouvernement d'un grand empire est un pesant fardeau, même quand il jouit de la paix au-dedans et au-dehors, de quel poids doit être celui de la France dans l'état où elle a été réduite? Si la providence ne devoit pas se mettre de moitié, on ne s'en tireroit pas. Les sections de Paris, attendu le péril dans lequel l'Etat se trouve, doivent supplier le roi de reprendre toute son autorité, et d'agir pour le bien public comme il le trouvera bon, et d'abord de congédier l'assemblée nationale, auteur des risques affreux auxquels nous expose une invasion étrangère à laquelle on ne peut rien opposer.

Le roi doit destituer sur-le-champ toute la municipalité de Paris, nommer un gouverneur, un prévôt des marchands, un syndic, qui se formeront en conseil de ville.

Toute la chevalerie française est écartée. Où prendre ce gouverneur? M. de Brissac suffira-t-il à un emploi de cette importance ? On trouvera plus aisément le reste. Il y a sûrement à Paris, dans l'ordre moyen, des gens à qui la révolution a donné lieu de manifester de l'énergie en sens contraire à tout ce qui a été fait.

On créera un tribunal de justice composé de cinq membres, dont le premier emploi sera de mettre les scellés sur les effets du comité des finances et du trésor qui lui correspond, et, sur-le-champ, une commision intelligente pour vérifier l'état des choses.

On rétablira le tribunal de la prévôté, dont le coquin de Papillon ne sera point le chef. Cet officier, nouveau pour la charge et non pour le nom, sous celui de grand-prévôt de l'hôtel, poursuivra et exécutera brièvement tous les criminels révoltés contre le nouvel ordre.

Tous les clubs seront mastiqués, les cafetiers demeurant responsables des propos qui seront tenus chez eux, s'ils ne menacent pas de la garde les impudens discoureurs. Défenses soient faites de politiquer dans ces tannières.

Tous les spectacles de nouvelle date supprimés, et parmi ceux des boulevards, ceux qui auront donné dans l'esprit de la révolution. Peut-être faut-il à cet égard tout remettre sur l'ancien pied, pour épargner de l'embarras à la police.

Voilà Paris bien triste, mais tranquille : comment rétablir l'ordre précaire dans le reste du royaume?

Le roi doit déclarer que, forcé de monter à cheval pour aller au-devant des ennemis que l'assemblée a suscités à la France; se confiant dans la fidélité des sections dont il a éprouvé les effets, il remet la ville à sa propre garde, ayant lieu de croire qu'elle voudra bien s'entendre avec les magistrats prudens qu'elle a reçus de lui, les circonstances n'ayant pas permis de procéder par voie d'élection.

Des ordres suspensifs annonceront à tous les départemens que le roi ayant été obligé de dissoudre l'assemblée, on doit s'abstenir de l'exécution des décrets émanés d'elle, et simplement veiller à la sûreté, tranquillité du peuple, à la perception des impôts dont la masse demeureroit dans le trésor du département jusqu'à nouvel ordre.

Ceci suppose qu'on prendra un parti prompt pour imaginer le moyen de faire revenir le sang dans le cœur d'où il s'écoule par 140,000 veines, sans compter les artères.

Cependant il sera ordonné aux départemens de fournir, avant toute autre dépense, à celle qu'exige l'entretien des prêtres et des religieux des deux sexes, non assermentés.

Le roi déclarera que, décidé à ne pas retourner qu'il n'ait éloigné de nous les dangers qui nous pressent, il s'occupera à rétablir l'ordre par-tout où il le trouvera violé, chargeant les administrateurs en place de le maintenir par-tout où ils ont été établis, sous peine de la responsabilité.

Ah! si le roi pouvoit trouver par

toute la France des commissaires honnêtes et désintéressés comme j'en connois pour ici, un ordre signé *Louis*, et contre-signé *Laporte*, lui mettroit les trois quarts de ses sujets dans les mains; mais qui lui indiquera par-tout des sujets fermes, honnêtes, intelligens et tout-à-la-fois estimés du peuple? Dans une partie du royaume ces gens-là ont été forcés d'émigrer, quand, au milieu de la race moutonnière de Champagne, ils ont pu lever en tout temps la tête et dire : *je suis pour Dieu et le roi contre tous*. Où il y a du danger, cela n'a pas été possible.

Il faut donc, faute de mieux, laisser tout entre les mains des coquins de département et de district, jusqu'à ce que le roi, armé de toute sa puissance, reprenne un autre ton, avec assurance de le soutenir.

Tous paiemens seront suspendus, hors ceux qui regardent l'entretien des troupes qui auront repris la cocarde blanche à la promulgation de l'ordre,

Toute troupe, toute place qui n'aura pas reconnu les ordres, déclarées rebelles, etc.

L'entretien des maréchaussées suit de droit.

Les secours aux hôpitaux pareillement.

Il faut au roi deux secrétaires d'Etat, un pour sa maison, Paris et l'intérieur ;

Le second pour le militaire et l'étranger.

Le roi partira de Paris avec sa garde, ses Suisses et le premier régiment de dragons qui sera à sa portée, six pièces de canons de campagne. Il marchera vers les frontières, se tenant à distance égale de Paris, des étrangers et des émigrés.

Les émigrés entreront dans les places de guerre, et justice y sera faite des régimens dont la conduite sera jugée par conseil de guerre. Tous les corps volant les caisses, mutinés contre leur état major, seront cassés.

La France seroit couverte de brigands, si la gendarmerie émigrée, subsistante en pied, n'étoit pas répandue dans tout le royaume pour veiller à leur désarmement et donner main-forte à la maréchaussée.

Cela fait, l'Allemagne, le Nord et l'Italie avec l'Espagne, renvoyés chez eux.

Le roi revient à Paris, rappelle les parlemens, forme son ministère, son conseil : puis l'assemblée du parlement et l'arrêt en robe rouge, qui annulle tous les décrets en présence de l'assemblée des trois ordres représentés, la noblesse par les princes, ducs et pairs, maréchaux de France; le clergé par les évêques, le peuple par un député de chaque département, choisi par le département même, sans pouvoir être ni avoir été compris ni dans les députations à l'assemblée, ni dans le corps de district et département; homme représentant la propriété, nécessairement à la glèbe, vivant à la campagne et non dans les villes, et pris depuis l'âge de 50 ans et au-dessus. A la suite de cet arrêt du parlement, cette cour, recrutée d'un magistrat de chacun de ceux de province et d'un chevalier choisi par eux, prêtera au roi serment de fidélité, et acceptera, au nom de la nation, l'excellent règlement proposé par Louis XVI, le 5 juin, dans son lit de justice, et lui sera prêté nouveau serment d'inviolabilité, fidélité.

Comme ma pauvre tête travaille.

Le roi alors rétablira son conseil; mais je ne lui conseillerai jamais de suivre le tableau des maîtres de requêtes, pour donner des intendans à ses provinces, à moins qu'on ne fasse ces messieurs eunuques de corps comme ils l'étoient des autres facultés, avant de les départir.

Il y avoit 4 pages de l'almanach bien effrayantes pour les provinces. Ces enfans du luxe ne pouvoient y apporter que l'esprit de dissipation et le mauvais exemple. Au diable la race des fermiers généraux et receveurs-généraux des finances. Il faut un autre plan, j'en avertis.

Adieu, adieu. J'ai reçu tout ce que vous m'avez envoyé, même votre bonne lettre du 7 : mais mon quatrième mois.

Je vous embrasse sous les frimats du 7 mai.

LETTRE K.

19 *Décembre.*

J'AI, mon cher ami, pressenti vos tourmens et votre affliction d'après ce que nous annonçoient les gazettes. On a cruellement abusé, plus cruellement que jamais, et le sot peuple a laissé tout faire ; il ne sent point encore assez son mal. Un roi de parade lui convient : c'est un spectacle gratuit de plus pour lui, et nous perdons l'espoir de voir l'autorité rétablie par son vœu. O ciel! il faut donc attendre le retour de l'ordre de l'appareil menaçant qui borde notre frontière. Cela fait trembler! Qui tiendra en bride tant de ressentimens de toute couleur, tant de passions qui vont déborder?

Dans le moment je reçois votre lettre avec deux jolis numéros du *journal à deux liards;* ils m'ont ranimé: je vous en remercie. J'aime les gens de la porte Saint-Antoine. Remettez, je vous prie, la part du commandeur en entier, et la mienne, sauf les deux derniers à Scevole, qui en tiendra un paquet prêt pour les faire partir par une occasion.

Si tous les ports francs sont retranchés, nous nous servirons des occasions des voitures.

Bon courage. J'ai reçu des consolations cette nuit. Je vous embrasse.

LETTRE L.

29 *Décembre* 1791.

Le dernier numéro que vous m'avez envoyé, mon ami, avec le décret de l'*attendu que*, sont des plus jolis et des plus conséquens à l'objet que l'écrivain a en vue; puisse cette besogne contribuer à déterminer les Parisiens!

On ne veut pas que le roi loge sa garde à l'Ecole-Militaire; ce corps et la proximité effraient sans doute les Jacobins. Notre souverain est de plus en plus esclave ; le moyen que je vais proposer seroit-il mauvais ?

Le roi doit s'obstiner à loger sa garde dans cet endroit jusqu'à ce que les sections de Paris aient décidé que cela ou leur nuit ou leur porte ombrage; mais il faut une décision des sections en régle, chacune d'elles donnant sa voix.

Le motif pour demander, est que le roi veut bien céder aux desirs de la nation, reconnus pour être son véritable desir; et pour avoir sa décision, requérir l'assemblée générale des citoyens de chaque section. Les honnêtes gens qui se sont écartés, alors auront occasion de se remontrer; et grossissant la troupe des mécontens de la constitution, il pourroit se faire là des coalitions pour le rappel de l'ordre.

Voilà l'avis d'un pauvre politique: c'est moi.

Sitôt que la seconde brochure sur la prophétesse Brousselles reparoîtra, je vous prie de me l'envoyer; elle subira le feu comme a fait la première, c'est une cérémonie à observer sur les œuvres dont l'enfer est si évidemment l'auteur. Je continue d'espérer que la sainte pucelle a déjà éprouvé du désordre dans ses communications; peut-être son crucifix ne peut plus lui rouler les yeux comme il lui paroissoit faire.

Vous connoissez le lingarn des Indiens ; le membre viril en est le modèle: une dévote indienne en avoit un à son col qui lui paroissoit dans quelques momens lever la tête, ce qui augmentoit le goût de la sainte pour le coït.

Dieu ne fait ici pour nous ni les yeux doux ni les beaux bras ; mais celui qui se transforme en ange de lumières fait toutes sortes de petites singeries accommodées à nos idées et à nos goûts: voilà une règle dont les juges de sainteté ne devroient pas se départir ; cela raccourciroit un peu la liste de nos placés sur les légendes ; car je respecte profondément tout ce qui est sur la liste dans les litanies.

Je reçois deux lettres de connoissances intimes que j'avois parmi mes confrères les martinistes ; ils sont démagogues comme Brest, gens de nom. braves gens jusqu'ici ; le démon est maître d'eux. A l'égard de Brest en son acharnement au magnétisme, je lui ai attiré la maladie : les Jansénistes affiliés aux convulsionnaires par état, sont dans le même cas ; c'est bien celui de leur appliquer à tous la phrase : *hors l'église point de salut*, pas même le sens commun.

Je répète la demande des deux liards pour Dampierre et moi.

Je vous embrasse de tout mon cœur.

Mon petit secrétaire vous remercie beaucoup; elle aime tout ce que son père et ses frères aiment.

LETTRE *M.*

13 *février.*

VOTRE lettre que je reçois avec les trois petites feuilles me font autant de plaisir que possible; elles sont un contre-poids aux trois cent mille hommes qui viendront apporter chez nous la peste après la famine. Vite, vite, vite, délivrez votre roi avant qu'on vienne nous l'arracher avec ces redoutables forces;

qu'il renvoye chez eux ces députés qui, non contens d'avoir outragé leur roi, la nature, le bon sens, ont révolté contre nous l'Europe et attiré la vengeance du ciel sur nos têtes. Le mot n'est pas difficile à dire. Contre leur serment, contre le vœu de leurs commettans devenus esclaves d'une troupe de factieux connus sous le nom de Jacobins, ils ont provoqué toutes les couronnes, exposé l'État à une entière ruine. A ces causes, le roi dissoudra ce Capharnaüm. Ordre aux membres de se retirer chacun chez eux; défense à toute ville, bourg ou cité, de leur permettre de s'assembler sous des peines graves; et en attendant un autre ordre de choses, le roi promettra de prendre dans un conseil assemblé à son choix les mesures les plus propres pour pacifier les choses, et de tenir la main à ce que justice soit faite à tout le monde.

Il gardera les bureaux établis, en leur faisant rendre compte de leurs opérations à Paris; ordre à tous les autres dé se tenir en régle, à tous les établissemens de faire leur devoir, et se mettra en marche sur-le-champ avec sa garde, et un choix égal de celle de Paris pour venir au-devant des princes.

Il remerciera de-là Léopold et le reste, passera la revue des émigrés, conservera les meilleurs corps pour en envoyer travailler à la réduction de la Bretagne, du Languedoc, de tous les pays où domine le calvinisme ; ses troupes de ligne ne méritent point de confiance, étant tous des corps à régénérer.

Il se tiendra hors d'une ville à trente lieues de Paris et autant de la frontière : pour n'être pas dominé de-là, il fera entrer en France successivement le redoutable corps commandé par les princes, et le dispersera pour l'utilité générale.

Il ne faut pas plus l'exposer à être dominé par un parti que par un autre.

Voilà ma rêverie ; elle est bien ancienne, et je la renouvelle avec plus d'espoir que jamais. Je donne ici la mort aux rats pour toutes les cabales.

Je vous embrasse de tout mon cœur.

Le président: Je vous observe que de la lecture desdites lettres, il résulte qu'il y avoit un plan de contre-révolution.

L'accusé: S'il y avoit un plan de contre-révolution, c'étoit pour le bonheur de ma patrie.

Lecture est faite des 13, 14, 15, 16, 17, 18, 19, 20, 21, 22 et 23eme lettres, ainsi qu'il suit :

LETTRE N.

4 avril 1792.

LES piques se tourneront contre les piques, mon cher ami ; encore un peu de patience.

Je suis bien aise [illegible] ma dernière lettre ait pu vous faire quelque plaisir. Vous n'êtes pas initié! applaudissez-vous-en. Rappelez-vous le mot, *et scientia eorum perdet eos :* si je ne suis pas sans danger, moi que la grâce divine a retiré du piége, jugez du risque de ceux qui y restent.

Il y a long-temps qu'on fait l'éloge de la sûreté du plancher des vaches; la connoissance des choses occultes est une mer orageuse d'où l'on n'apperçoit pas le rivage.

Je vous remercie du quatrième mois que je vais lire, et vous embrasse de tout mon cœur.

LETTRE *O*.

4 mai 1792.

MON très-cher, nous avons l'oreille bien basse; nous sommes encore plus gelés que nous ne l'étions, que nous ne le fûmes jamais. La malédiction ne finira que quand les veaux engraissés des misères publiques aui ont été sacrifiés sur l'autel de la justice divine.

Les patriotes qui sont sortis de chez eux pour tout prendre, et qui n'ont pris que la fuite, ajoutent à l'humeur du peuple.

Les Jacobins d'Epernay sont dans la consternation ; trois fois vingt-quatre heures avant les nouvelles, ils faisoient répandre des bruits que Mons, Tournay, étoient à nous avec tous les magasins, Liége avec le chapitre et l'évêque. Tout ce pays-là révolté en notre faveur nous fournissoit une armée capable de conquérir l'Allemagne ; le revers de cette médaille attriste tellement les esprits, qu'il ne faudroit qu'un souffle pour terrasser la rebellion. Mon Dieu ! mon Dieu ! Paris persistera-t-il encore long-temps dans sa folie, sa bêtise, sa stupidité ? Nous avons bien assez de maux, qu'on se dépêche de prévenir ceux qui nous menacent, en rendant l'autorité au roi, pour qu'il vienne pré-

server

server ses sujets de l'entrée de 400 mille hommes en France, qui acheveront d'y apporter la famine après avoir tué 100 mille de nos cultivateurs. Je n'entends plus parler de vôtre feuille à deux liards, faites donc qu'on y appuie sur la nécessité de venir à jubé vis-à-vis de notre maître, si on ne veut pas être exposé au traitement le plus rigoureux; car les provinces se réuniront pour demander justice au roi, de ceux qui l'on emprisonné, et ont autorisé les traitemens indignes qu'on lui a faits.

J'ai bien du chagrin : un mot de vous.

LETTRE *P.*

8 *Mai.*

LE moment critique s'avance, mon ami, et je me réjouis de savoir que notre bon roi est bien gardé. J'ai vent d'une coalition sourde qui rassemble autour de lui, dans Paris, dix mille gentilshommes. C'est la garde constitutionnelle de la fidélité, de laquelle on ne doute plus, qui leur a fait prendre ce parti ; un de mes amis, presque de mon âge, mais de la première et de la plus froide valeur, doit être du nombre. Ces braves gens ne se fioient point assez à la garde nationale, lardée d'anciens soldats aux gardes, et démagogues au fond ; regardant le roi comme le boulevard de ses propriétés, et même comme sa propriété, dont elle ne voudroit pas se dessaisir, pour se rendre à la France entière qui en a plus de besoin qu'elle. Le roi doit, il est vrai, sa conservation à cette bourgeoisie; mais il ne lui est pas redevable pour les motifs, et il ne sauroit attendre d'eux sa libération, sans quoi cela seroit fait. Ses véritables libérateurs sont donc actuellement ou à sa solde, ou inconnus et errans autour de lui ; et tout cela agira au moment qu'il faudra bien saisir.

Quoi! ce vilain petit Duchâtelet,

manchot, seroit ministre de la guerre! Je l'ai connu chez la vieille marquise Durfé, de son temps la doyenne des Médées françaises. Elle fut une des premières qui fit courir après moi, quand j'eus fait prendre l'air au scientifique ouvrage du *Diable amoureux*. Elle avoit été toute sa vie en commerce avec les esprits; moi, je les peignois de main de maître, et nous nous trouvâmes aussi savans l'un que l'autre, c'est-à-dire, fort ténébreux.

Elle faisoit élever ce manchot, qu'on destinoit à la carrière des affaires étrangères, attendu son défaut corporel; la maison de madame la marquise Durfé régorgeoit d'empyriques et de gens qui galoppoient après les sciences occultes : on ne pouvoit s'y fournir que de fort mauvaise politique, et le jeune homme y étoit exposé aux plus dangereuses communications. Je ne suis pas surpris qu'au sortir de cette étrange éducation il ait été disposé à donner dans les travers du temps : c'est un initié, pour ainsi dire, dès le berceau; il n'a pu faire jusqu'ici que des sottises : le voila en place pour de plus grandes. Il ne manque cependant pas d'esprit ; et comment cela pourroit-il être, puisqu'il y a chez lui garnison ? c'est un héritage de famille. Il est de ceux que la charité ne nous conseille pas, mais nous force de plaindre. Les succès de la propagande, comme ses crimes, sont à leur dernier terme.

Les intelligences des factieux dans les villes de Flandres, les flattoient qu'à l'apparition de leurs armadilles les troupes allemandes se trouveroient entre deux feux. C'étoit un piège pour les attirer. Les révolutionnaires de Flandres sont corrigés par les excès qu'enfante notre révolution ; elle porte une odeur de crimes qui révolte la terre comme le ciel.

Si la France n'étoit pas une petite partie du globe, on pourroit croire à la fin du monde ; car ce royaume est décidément gouverné par la bête, c'est-à-dire, déchiré, dévoré, ravagé, foulé aux pieds par ce qu'on peut imaginer de plus stupide et de plus atroce ; mais la vilaine trouve enfin à qui parler, et on va la jeter dans les puits. Il manque néanmoins au monstre sous lequel nous gémissons, un caractère essentiel pour le rendre en tout semblable à celui de l'apocalypse ; c'est l'hypocrisie : nous sommes heureux qu'elle ait dédaigné de se couvrir de ce masque, et n'ait rempli sa coupe que d'absynthe.

O mon Dieu ! j'entends parler de persécutions du district contre ce qui nous étoit resté de religieuses cloîtrées; ils n'ont pas quarante jours à vivre et veulent se souiller par de nouvelles inhumanités! Et le roi pardonneroit ! Oh ! non, non; il nous faudra justice : nous souffrons trop. A chacun son guerdon ; l'impudent Barnave s'est assis à côté de mon roi, il aura les deux fesses coupées : ainsi des autres. Ah ! quand respirerons-nous! je suis grêlé, gelé, abîmé; je n'en sens rien, tant je souffre.

J'ai le premier, le second, le troisieme et le cinquieme mois; il me faut tout, je ne lis que ce journal; il est selon mon cœur: j'effleure tous les autres.

LETTRE Q.

14 mai 1792.

J'AI, mon très-cher, reçu la quatrième livraison que j'ai lue avec le même intérêt. Votre lettre m'annonce la défaite des Jacobins dans la huitaine. Mais que feront les Feuillans de plus de treize à quatorze cents coquins qu'on a rassemblés dans Paris, et qui y logent avec les chauve-souris sous les toits?

L'infâme Lecointre veut s'emparer de la famille royale, que les coupables de toutes les sectes regardent comme leur palladium, et la conduire à Versailles. Il faut veiller sur cet infâme projet, et que le roi ne prenne l'air qu'au milieu de trois à quatre cents gardes à cheval. Il est en sûreté dans les Tuileries. La garde parisienne et douze mille champions veillent là sur lui, indépendamment des siens.

En juin, l'armée des princes entrera sûrement en France; ayant à vaincre la poussière, si toutefois les frimats qui nous assiègent ont disparu. Je ne puis douter de ce fait; il m'est assuré par mon cadet, qui est là à portée de savoir ce qui se prémédite. La providence a veillé sur lui comme sur son aîné, de qui vous pourrez apprendre les particularités. Comme tout vient de Dieu, je ne dois m'énorgueillir de rien, heureux de pouvoir rendre gloire à son nom. Tout va bien, mon ami; vous le voyez de votre côté, et je vous certifie autant qu'un aveugle dont les bras sont employés à mettre en jeu les ressorts d'une importante manufacture peut certifier; car tel est mon rôle. Je vous ai prévenu que nous étions huit en tout dans la France, absolument inconnus les uns des autres, qui élevions, mais sans cesse, comme Moïse, les yeux, la voix, les bras vers le ciel pour la décision d'un combat dans lequel les élémens eux-mêmes sont mis en jeu. Il me paroît que la force de nos adversaires est bien diminuée ; leur chûte s'approche autant que j'en puis juger. La catastrophe peut être bien considérable et bien avantageuse, même pour l'humanité. Nous croyons voir arriver un évènement figuré dans l'apocalypse, et faisant une grande époque. Tranquillisez-vous : ce n'est pas la fin du monde ; cela la rejette à mille ans par-delà. Il n'est pas encore temps de dire aux montagnes : *tombez sur nous* ; mais en attendant le mieux possible, ce va être le cri des Jacobins, etc., etc. Car il y a des coupables de plus d'une robe.

Ma maison est une maison d'oraison. C'est ainsi que tandis que les trois quarts des églises sont interdites de droit divin et le reste par la force humaine, Dieu se ménage des temples dans quelques cœurs où il est servi avec foi et avec vérité.

Nous sommes sûrs d'être employés; mais ce que nous faisons nous passe. Il faut se consoler en agissant. Les grands et les petits prophêtes étoient aussi quinze-vingts que nous; et ce qu'ils nous ont laissé est plein de lumières qui percent sous l'enveloppe.

Aimez-moi bien, car je vous aime de tout mon cœur.

LETTRE R.

Je reçois, mon très-cher, le cinquieme mois tout décousu, et le quatrième me manque en entier. J'en suis au désespoir; c'est le seul journal dont la lecture m'attache. Je parcours les autres.

Tout s'achemine comme vous voyez,

Les trois défaites sont trois petits boutons des roses nouvelles qui nous ont été promises. Avant que toutes ne soient épanouies, le roi sera roi, mais comme Phinée, d'un peuple inanimé. Nous sommes gelés, grêlés, abîmés de frimats : nous allons souffrir dans bien des genres ; mais que l'autel et le trône soient rétablis, et nous chanterons de grand cœur, *vive Dieu ! vive le roi !*

LETTRE S.

31 *janvier* 1792.

Vous êtes bien galant, mon ami, d'avoir répondu à mon petit secrétaire, presque poste pour poste. Lui il en est tout glorieux.

Vous nous faites un grand plaisir en rehaussant nos espérances ; mais l'assemblée nous donne de continuels coups de massue par les messages impudens, extravagans qu'elle fait à notre maître, pour exiger de lui des démarches vis-à-vis des têtes couronnées.

Nous nous flattons que quand il aura une garde à lui, 1°. il en sera plus en sûreté ; sur-tout il prendra plus de confiance en lui-même, n'étant plus un être entièrement isolé et dans la défiance nécessaire de tout ce qui l'entoure.

S'il survient une bagarre un peu considérable, il faut qu'il vienne au secours de la garde nationale, qu'il se montre, qu'il dise : *je veux*, *j'ordonne*, et d'un ton ferme. Il est assuré d'être obéi, et de n'être pas pris pour la poule mouillée que les aristocrates dépeignent à me faire souffrir dans toutes les parties de mon corps.

Il ne s'est pas montré tel à Epernay, où les excès les plus incroyables n'ont pu lui arracher un témoignage de frayeur, où il a donné des preuves uniques de sang-froid. Il est donc né avec cette bravoure héréditaire chez les

Bourbons : qu'il lui donne l'essor. Tout viendra dans sa main quand il aura montré qu'il a du poignet ; nous avons tant de besoin de trouver un maître. Il éprouvera, pour la première fois de sa vie, qu'il peut être absolu ; et en se rappelant tout ce qu'il a fait par trop de bonté, on pleurera de joie en criant : *vive le roi*. Il ne peut pas donner un meilleur soufflet aux aristocrates, une plus grande consolation aux Français.

De tous les aristocrates, les gens riches sans naissance, sont les plus dégoûtans. Le roi est coupable de n'avoir pas pris les moyens les plus violens pour leur assurer la paisible jouissance des larcins de leurs pères ou des leurs. J'ai de temps en temps de ces espèces autour de moi, elles me font vomir.

Je persiste dans mon avis : que le roi prenne la première occasion de se montrer sur le ton de maître, et il le devient de tout le monde ; mais il faut que cette occasion se présente naturellement

et

et sans qu'on puisse la soupçonner d'avoir été provoquée. Sa bonté est préconisée par-tout; il faut qu'il fasse cet acte de vigueur, cela est indispensable; et tous les cœurs, comme les yeux, se tourneront vers lui. Il paroît que le Breteuil est bien mal dans les papiers de tout le monde; on le regarde comme le principal arc-boutant d'une intrigue qui a continuellement traversé les intentions des princes. Un article très-énigmatique dans une gazette de Durosoy semble annoncer qu'un évènement tombé du ciel, qui prouve de plus en plus la protection divine marquée sur cette monarchie depuis 1400 ans, vient de ramener un esprit de concorde qui doit remplir de joie et d'espérance tous les bons royalistes.

Durosoy, dont je ne rapporte que quelques-uns des termes, dit ne pouvoir citer le fait; mais il triomphe de son existence, dont il dit avoir la certitude.

Avez-vous ouï parler de cette énigme

qui vaut bien qu'on s'en tourmente autant que de la prophétie de Nostradamus ! Il y a apparence que la pauvre Suzette Labrousse a fait naufrage dans les ruisseaux de boue de Paris, puisque vous ne m'en parlez plus. L'évêque n'aura pas trouvé d'abonnés pour son journal mystico-mystifiant.

Nous sommes noyés de pluies ; notre horizon physique n'est que brouillards. Quand l'horizon politique s'éclaircira-t-il ?

J'ai découvert les raisons qui ont engagé le pauvre Jacques dans la démagogie, en apprenant par les gazettes que Boscari est un révolutionnaire enragé : il y a 36 ans que Jacques est lié d'intérêt avec la maison Chol dont Boscari est gendre. Voilà le danger des liaisons ; cela me tourmente, car j'aime bien mon pauvre Jacques.

Adieu, mon ami ; j'attends un paquet de deux liards. Je vous embrasse de tout mon cœur.

LETTRE T.

18 *février* 1792.

MON très-cher, votre proclamation, votre dénonciation, vos deux derniers Numéros font peur ; il n'y a pas un moment à perdre pour sauver Paris : voilà une occasion que le roi doit saisir. Il faut qu'il serre les pouces au maire Pétion, et le force de découvrir les fabricans de piques, et ceux qui les soldent, et les magasineurs et distributeurs. S'il ne se prête pas, il faut poursuivre la découverte par la voie de délation autorisée, et livrer en même temps les coupables et au public et à l'animadversion forcée du public et de la justice ; exiger une saisie des amas, partout où il y en aura de faits.

Le duc d'O...... trempe dans cette abominable conjuration. Il n'a peut-être donné son bilan que pour se mettre à l'abri du soupçon de pouvoir payer ; mais il fait au moins les avances du papier et des presses et contrefaçons pour les faux assignats. Une de ses maisons est peut-être le repaire des contrefacteurs ; c'est un scélérat capable de tout : c'est sur ce pied qu'il faut l'épier.

La garde du roi est organisée, montée ; elle fait l'exercice à merveille. En attendant qu'elle ait rempli les préalables impossibles qu'on veut exiger d'elle, elle doit toujours travailler à s'ameuter parfaitement, et se tenir prête, d'où elle est, à voler au moindre péril de sa personne, après s'être abouchée avec les chefs des troupes soldées, pour ne point occasionner d'inquiétudes sur leurs intentions. A la première occasion le roi ne pourra pas trop se montrer maître. On n'a à lui reprocher que de n'avoir pas su l'être assez. On le taxe de foiblesse ; il faut qu'il montre la décision d'Henri IV, la fermeté de Louis XIV : alors il a tout à espérer, et rien à craindre ; il faut qu'il écrase et dissipe l'hydre des Jacobins. Frappez au cœur ; ils seront morts dans toute la France, hors chez les non-catholiques.

Adieu, mon ami ; vous n'en aurez pas plus long pour.....

LETTRE *U*.

Je n'ai point reçu de petit papier par la poste ; j'en ai du regret, mon ami : il ne faut pas négliger d'entretenir la chaleur du peuple ; il se réfroidit comme il s'échauffe.

Je vous ai prévenu qu'on a fait voir toute la garde-robe des valets de Philippe Bourgeon ; le tas étoit d'environ 9 pieds de haut sur 18 de longueur, la largeur proportionnée à la hauteur.

Il ne faut pas croire que ces habits de réforme fussent ceux des sans-culottes visibles, ou des hommes qui les mettoient en mouvement ; ce sont les uniformes caractérisés de la légion spirituelle mauvaise que le prince du 5 au 6 octobre avoit été lever en Angleterre; je crois que nous pourrons vous dire à quel prix; comme nous connoissons le gage qu'on lui avoit donné, je ne crois pas le calomnier en disant qu'il s'étoit fait quarante fois pis que Martimote. Il y a 900 et tant de degrés dans cette échelle du mal; nous ignorons jusqu'où il a pu monter; mais la frayeur qu'il éprouva quand il se fut exposé dans le ballon, est un type de médiocrité absolue, même dans le genre dans lequel il a voulu s'élever: il a l'ambition du crime, et n'en a pas le courage. Il faut que nous soyons tête à tête pour que je puisse vous expliquer les transactions de ce personnage que nous suivons depuis trois ans, et qui vient d'être atteint et dépouillé des secours extraordinaires qu'il avoit cherché à se procurer. Gardons le silence sur lui: il est destiné à donner un grand exemple.

Réfléchissez sur les ballons, et

voyez-y la philosophie du siècle, cherchant à escalader le ciel. Suivez l'image jusqu'au bout, je n'ai besoin que de vous donner le fil.

Nous avons eu preuve que l'invention étoit une suggestion diabolique; et vous voyez comme nos badauds s'en glorifioient.

Je vous presse d'insinuer à tous les feuillistes de votre connoissance, qu'il est temps de faire honte aux Français de la couleur de leurs drapeaux, de leurs rubans, de leurs écharpes; qui des Français peut soutenir l'idée de se voir orné des couleurs de la livrée de Philippe-le-déshonoré? Peut-on se promettre la victoire sous des pavillons à sa livrée? Il faut que cela soit tourné et retourné de dix façons, que les Français fassent retomber la honte de leur avilissement sur les membres corrompus de l'assemblée nationale, qui les ont forcés d'arborer les signes visibles de la plus criminelle et la plus honteuse de toutes les rebellions. Que Durosoy embouche l'énorme tube dont il se sert pour réveiller les chevaliers français, et l'auteur du journal de la cour et de la ville, sa flûte à l'oignon ; que l'auteur des ha ! ha ! laisse échapper un ha ! ! ! ! ! en empruntant les points d'exclamation de feu d'Arnautl ; qu'on nous mette tous dans le cas de mourir de confusion, moi-même avec mon écharpe, comme coco (1) avec la sienne.

Voici comme j'instituerois la feuille.

Ah ! ! ! ! ! ! ! et jusqu'au bout de la ligne.

Il faut dire que cette livrée ne sauroit convenir qu'aux blanchisseurs de la nuit du 5 au 6, au dormeur Lafayette, au grand coco. On soumettoit jadis les banqueroutiers au bonnet vert ; j'assujétirois tous les Jacobins à vivre et à mourir sous l'infâme livrée.

Un démagogue se plaignoit à moi ces

---

(1) Allusion au premier maire de Paris. (Note de l'éditeur.

jours passés, de la recrue que nous venions d'envoyer au manège. Voici ma réponse : « Vous avez voulu mettre la pie au-dessus du tonneau, buvez-en jusqu'à la dernière goutte.

Il faut faire placer ce sarcasme.

Anciennement les gueux de France, qu'une bonne police a éparpillés, se donnoient entr'eux un roi, qu'ils appeloient le Grand-Couart: sa couronne étoit un vieux réchaud : voilà celle à laquelle le fatal duc avait le droit d'aspirer. Notre pauvre maître a entr'autres pour ennemis, tous ceux dont l'intérêt étoit qu'il se sacrifiât; moi, je lui tiens compte de sa politique; mais je crains terriblement son retour à Paris : voyez dans Véli l'histoire de Charles V et Charles VI, depuis la prison du roi Jean ; on ne voit sur la terre que des répétitions de ce qui s'est fait. Le roi se montre sensible à la moindre apparence de service qu'on a voulu lui faire : telle sera la mesure de son ressentiment.

De tout mon cœur. 13 octobre 1791.

La gazette de Durosoy, du 14 octobre, me met la mort dans le cœur. Quoi! la femme du roi intrigueroit contre elle-même!.. Je me rappelle le triomphe d'opéra, dont une vision la rendoit le sujet : voudroit-elle ne triompher qu'à la comédie?

Je sais que si Louis XVI se fût fait poignarder pour sa cause, ses frères et ses nobles s'en arrangeroient.

Mais si les frères de Louis XVI conquèrent le royaume, en dépit de sa femme, tout est dit pour lui-même.

Durosoy me tue; c'est le Stentor peut-être gagé de la noblesse.

Mon ami, il faut décider le peuple de Paris à faire la contre-révolution. Nos almanachs privés nous disent bien : le culte et l'ordre seront rétablis pour janvier. Qui sera le chef? nous n'en savons rien, et mon ame en souffre, car j'aime le roi. Je voudrois le voir sortir de sa prison, et aller au-devant de l'ennemi, au milieu du peuple, de concert avec le peuple; mais il faudroit que celui-ci chiât sur l'assemblée nationale. Adieu, adieu, je vous recommande les cocardes rouges et bleues; vous ne pouvez concevoir l'effet de ces misères; elles tiennent à l'espèce d'ensorcellement qui a engendré la folie.

Adieu, adieu; je suis bien dans le pâtiment : écrivez-moi.

LETTRE V.

28 *juillet.*

JE suis charmé, mon cher ami, que la lecture de mes lettres puisse être de quelque soulagement à vos inquiétudes et à celles de vos meilleurs amis. Je serois véritablement heureux si elles réveillent dans quelqu'un d'entr'eux l'envie de puiser dans les sources d'où j'ai tiré ce que je pourrois avoir d'instruction. Il est bien aisé de parvenir à un degré de science supérieur au mien; il n'y a qu'à devenir meilleur. Voilà la véritable clef du savoir, dont la serrure à triple ressort ne craint point le rossignol de Carat (1) et est inaccessible à celui de la philosophie ; et la grande commodité de la science que je professe, est d'être à la portée de tout le monde, sans qu'on soit nécessité de procéder dans ses raisonnemens par finesse ou par analogie. Si nos docteurs nous ont égarés à ne pas nous reconnoître, c'est pour s'être laissé prendre eux-mêmes dans les piéges de la métaphysique ; leur doctrine les a perdus, et nous aussi. Il faut espérer que les faits actuels vont nous remettre sur la voie. L'aversion pour les dogmes religieux nous avoit portés à donner toute notre confiance à ce que nous appelons la philosophie ; et notre attachement aux principes que cet être chimérique a mis en avant, ont en un instant bouleversé la terre, et l'ont rendue la vive image de l'enfer, où le despotisme et l'anarchie disputent à l'envi à qui fera le plus de mal. On me

(1) Rédacteur des Annales patriotiques (note de l'éditeur.

dira que les peuples de la terre ont long-temps subsisté avec une sagesse et des prospérités apparentes, sans qu'on connût les dogmes dont je veux parler ; mais ils étoient alors abandonnés à leur propre loi : *le glaive* n'avoit pas encore été apporté sur la terre : depuis ce moment la guerre a commencé, et il faut nécessairement être de l'un ou de l'autre parti. Il faut donc savoir à quoi s'en tenir sur chacun d'eux, pour ne pas se laisser égorger comme un Parisien ; je voulois dire un oison, l'autre mot m'est venu.

Hélas! les pauvres oisons sont tout naturellement bêtes ; mais les Parisiens vont continuellement au spectacle pour se faire donner des douches d'imbécillité. Là, leur peu de sensibilité achève de s'émousser en s'évaporant sur des objets phantastiques, et ils contractent l'heureuse habitude de se dérober au martyre de la réflexion. O Paris! Paris valez-vous bien la peine qu'on pleure sur vous? vous en préparez le sujet. On voit quelquefois, dans le marais le plus infect, des portions de gaze fixe que le soleil dore des plus brillantes couleurs du prisme : voilà votre image. Revenons, mon ami, aux objets de notre plus tendre intérêt ; ils souffrent horriblement ; ils en seront dédommagés, il faut encore trois semaines de patience : Dieu achevera son ouvrage, il ne fait rien à demi, et certainement son doigt est marqué dans la préservation de nos maîtres.

Voyez les suites de ce que nous avons examiné ensemble ; on enivre au Palais-Royal avec des breuvages enchantés le malheureux qu'on pousse au crime. J'ai eu la preuve qu'un malheureux que l'on emploie dans ce canton-ci avoit pris le poison *du genre* dans un pâté.

A Bordeaux, les clubs se sont combinés sur le modèle de ceux qui travailloient depuis 25 ans l'Allemagne pour la conduire où nous en sommes ; on a envie d'établir ce monde franmaçonique dans toute la France ; mais d'un essor commun, l'Allemagne et nous, allons nous délivrer de cette peste *spirituelle*. Après cela le monarque qui souffrira des franc-maçons dans ses états en répondra devant Dieu : heureusement là philosophie aura l'oreille trop basse pour oser pour eux ; les lumières de ce siècle, qui nous ont éblouis, vont s'éteindre.

Vous me faites un grand plaisir en me mandant que Scévole ne quitte pas son poste ; il faut qu'il gagne son argent : ce jeune homme me donne beaucoup d'espérance ; il faut qu'il se préserve du *ne quid nimis*, et tout ira bien pour lui.

On a la gueule morte dans ces environs-ci, la terreur y suivra de près la consternation ; il y en a qui voudroient appeler à leur secours la fureur et la rage, mais il ne leur vient que le désespoir : en général, le mal est contenu. Nous sommes comme à la veille de voir arriver le bien, mais la rose ne sera pas sans épines. Consolons-nous en récitant le pseaume : *Misericordias do-*

mini quia non sumus consumpti; et celui-ci : *Nisi dominus erat nobis*; puis un autre : *In convertendo dominus captivitatem Sion.* Baisons nos chers drapeaux quand nous les reverrons, Dieu nous aura affranchis tous, mais tous de la plus effroyable captivité.

Je vous aime et vous embrasse de tout mon cœur.

La suscription est ainsi faite :

A Monsieur Pouteau, premier secrétaire de M. Scévole Cazotte, maison de M. Cazotte, ancien officier des écuries, rue Thévenot, à Paris.

LETTRE X.

JE suis bien content du papier à deux liards, mon bon ami; il est plus près de l'oreille du peuple, que le Journal de Gauthier, et n'est point ordurier comme lui. La conversation du Café demande trop de connoissance des différentes sectes, pour que les gens d'ici y entendent rien; mais elle doit faire effet dans les cafés de Paris.

Courage, mon ami! courage! je voudrois bien vous aider, mais je suis sans verve; l'indignation qui s'est emparée de moi a éteint tout ce que j'avois de gaieté. Encore, encore si elle pouvoit me fournir quelque gros sarcasme! mais elle m'abrutit.

Je ne puis vous dire combien vous m'avez fait de peine, en me mandant qu'on se disputoit à Worms, pour savoir si on tiendroit des Etats-généraux en regle, et si on formeroit ou une chambre ou deux.

Ces gens-là sont fous. Pressez-vous de le leur faire savoir de manière ou d'autre, car je n'ai point de correspondance là, que......

Ils n'ont qu'un parti à prendre: c'est celui d'une protestation générale, même contre la manière dont M. Necker avoit fait former les assemblées primaires, pour parvenir à celle des Etats-généraux. Tout a été vicieux; tout est parti du principe que, pour bouleverser l'État, il falloit rendre la populace maîtresse. C'est une surprise faite à la nation, dont il la faut venger en rejetant le mal sur son auteur.

Si les Etats-généraux étoient illégaux; s'ils tenoient leurs pouvoirs de la populace, comment les députés émigrés peuvent-ils agir comme représentans de la Nation? Mais ils sont plus que suffisans pour protester contre tout ce qui a été fait en partant du principe.

Le simulacre de parlement assemblé à Worms recevra la protestation, en fera registre, et, sur conclusions, prononcera la nullité.

Pour achever de dénouer efficacement ce nœud gordien, Messieurs d'Artois et de Condé tireront leurs sabres. Fasse le ciel que la lame n'en brille qu'à la frontière; que la frayeur, s'emparant des Parisiens, ils se jettent aux genoux du roi, pour le prier d'écarter d'eux la tempête, et de proposer l'établissement de sa déclaration du 5 juin, pour terme à tous les différends qui mettent l'Europe en mouvement!

Vous disposez d'une presse: faites imprimer et répandre une adresse aux émigrés, qui les décide à prendre ce parti, le seul qu'ils puissent raisonnablement suivre.

Je reçois, dans ce moment, le petit papier à deux liards, où il est question de la lie. Cela va à merveille. Si la banqueroute des trois millions s'effectuoit, la contre-révolution pourroit faire un pas de géant; mais si dans le tas de papiers dont Paris est inondé, il s'en trouve un exposé à banqueroute par la friponnerie ou inconduite d'un bureau, trois millions sont trop peu de chose pour que la confrérie de l'agiot ne fasse pas un sacrifice pour arrêter sa ruine totale? Voilà ce qui fait que votre nouvelle, toute vraie qu'elle puisse être, ne se vérifiera pas.

Je vous prie de faire rendre, sans frais, une lettre que je vous adresse pour la rue Coquillière.

Aimons-nous, et redoublons de zèle pour la cause de Dieu et celle de nos pauvres maîtres.

Ce dimanche matin.

LETTRE V.

Je compte, mon cher ami, que mon fils vous aura vu. Il est jeune et bien zélé; il a besoin de conseils sages, et je compte sur les vôtres.

J'ai reçu votre petite brochure contre les Jacobins. Nous ne serons malheureusement délivrés de cette odieuse vermine que par la vapeur de la poudre à canon; mais je voudrois qu'elle se rendît sensible plus tôt que plus tard. Nous sommes à la veille d'être infectés de prétendus soldats patriotes qui pourront faire bien du mal. Mon village ne devoit point en avoir; mais comme il est peuplé de gros propriétaires qui n'ont pas jugé à propos, ou de gagner la frontière, ou d'aller se renfermer dans Châlons et dans Reims, l'administration juge à propos de mettre sur nos dos aristocratiques soixante surveillans qu'on cherchera à remplir des vertus constitutionnelles. Tout cela sera arrivé sous quinze jours. Je voudrois bien que la terreur pût les saisir avant qu'ils ne fussent dans le cas de causer de la peur ou de faire du mal. Mais les troupes combinées s'assemblent lentement, et attendent qu'un congrès les mette en mouvement. Dans cet intervalle, tout va péricliter. Soixante mille hommes seroient plus que suffisans pour la besogne à laquelle on en destine trois cent mille. Les autres se mettroient en mesure pour entrer au besoin par la trouée qu'on auroit faite. En vérité, il n'y a pas de temps à perdre.

Nous souffrons beaucoup ici de ce que le roi a à souffrir. Le *rableur* contrefait le *sage*. Le sage n'est pas le mot: beaucoup de gens sont dupes de la contre-façon, et se croient abrutis.

Donnez-moi de vos nouvelles.

Je vous embrasse de tout mon cœur.

Premier octobre 1791.

Voilà une lettre pour mon fils : je vous la recommande. Ma fille vous en a adressée une pour son amie la duchesse de Fleury.

Les originaux desdites lettres ayant été représentés à l'accusé, il a déclaré les reconnoitre pour avoir été écrites sous sa dictée.

On a ensuite donné lecture des 24, 25, 26, 27 et 28eme lettres, dont le texte suit :

LETTRE *Z*.

VOTRE lettre, mon très-cher, celle des princes, etc. nous ont rendu le courage. Durosoy, le stentor de la chevalerie, l'avoit pris d'un ton à nous faire croire que la démarche du roi le ruinoit entièrement dans l'opinion de la noblesse. Nous voyons que ses frères l'avoient prévue. Nous nous consolons donc, quoique persuadés que, malgré les menaces, on n'eût rien osé attenter sur le roi, et qu'il pouvoit ne pas pousser la dissimulation aussi loin qu'il l'a fait. C'est à ce qu'on dit, une vertu des rois ; mais je ne l'aime pas. Les agitateurs et les agioteurs du pays persistent à dire que les lettres des princes sont composées à Paris, et que l'Empereur a tourné le dos à M. d'Artois ; et une grande partie du peuple le croit, sur-tout ceux qui ont acheté des biens du clergé, et cherchent à éloigner l'idée des revenans. Ce sont les coups de canon qui se feront entendre de la frontière qui ameneront la foi ; mais il seroit bien à desirer qu'avant ce temps, Paris prît son parti pour rendre la liberté au roi et se remettre sous son autorité. Tout ce qui se fera quand la frayeur aura donné le ton, sera de mauvaise grace ; et la rage mêlée à la crainte pourra faire commettre bien des crimes. La seule providence nous rassure ici, où on va nous entourer de soldats patriotes, Limosins et Auvergnats, qu'on voudra peut-être faire agir vertueusement dans le sens de la constitution, qui ne nous connoîtront pas et n'entendront pas notre langue.

Il est entré bien de la scélératesse et pas la moindre habileté dans ce qu'on a fait; on reconnoît par-tout l'œuvre du Diable.

Mais quand Dieu et le roi seront devenus maîtres, comment fera-t-on avec tous les sujets qui ont visiblement travaillé le peuple pour le révolter? Les villes sur-tout ne seroient pas tranquilles d'ici à dix ans.

Je vous écris par mon fils aîné qui va Paris pour quelques affaires. Ce Cazotte là n'est pas démagogue. Oubliez que votre compatriote Jacques l'est. Dites-lui : vous n'êtes *pas un bon Cazotte*; et tâchez de faire liquider la charge, car je voudrois qu'on profitât du temps où le roi n'est rien, pour le débarrasser de tout ce qui doit l'incommoder

sur

sur le trône; quand il y remontera, il aura bien, (au moins) nous le craignons, assez d'entraves domestiques, sans ses inutiles domestiques tels que nous.

Je vous embrasse.

Pierry, septembre.

Au dos est écrit: A Monsieur Pouteau,
A Paris.

LETTRE *AA.*

VOTRE dernière lettre, mon cher ami, m'a donné un moment de courage; j'ai renoncé à lire les tristes épopées de Durosoy; mais, tombé sur le Mercure raisonnablement dirigé par Mallet-Dupan, ma fièvre est devenue chaud-mal. En effet, s'il n'est pas vrai que les intrigues dont on croit appercevoir les traces, ayent dérangé les conventions du traité de Pilnitz, il paroît qu'il est impossible que rien se mette en mouvement pour nous avant le mois d'avril prochain; et jugez du mal qui peut s'effectuer dans cet inter-valle, par celui qui se fait journellement. Je le répète : si Dieu ne suscite pas un homme qui fasse finir tout ceci merveilleusement, nous sommes exposés aux plus grands malheurs. Vous connoissez mon systême : *Le bien et le mal sur la terre a toujours été l'ouvrage des hommes à qui ce globe a été abandonné par les Lois éternelles.* Ainsi nous n'aurons jamais à nous prendre qu'à nous-mêmes de tout le mal qui aura été fait. Le soleil darde continuellement ses rayons plus ou moins obliques sur la terre : voilà l'image de la providence à notre égard ; de temps en temps nous accusons cet astre de manquer de chaleur, quand notre position, les amas de vapeurs, ou l'effet des vents nous mettent dans le cas de ne pas éprouver la continuelle influence de ses rayons. Or donc, si un Thaumaturge ne vient à notre secours, voici tout ce qu'il nous est permis d'espérer.

L'Assemblée nationale est si follement, si bassement, si ridiculement composée, qu'elle fera venir la nausée au peuple même de Paris. Il redemandera son roi comme un remède à la disette de pain et d'argent, et à tous les maux qu'il souffre. S'il pouvoit l'établir despote, il le seroit pour être sûr qu'on pourroit remédier promptement à ses besoins; mais cela ne dépend pas des Parisiens. D'ailleurs, ils voudroient toujours garder le maître parmi eux, pour être les despotes du despote. Je suppose qu'ils lui rendent sa liberté : si le roi, devenu libre, veut gouverner selon sa volonté, toutes les républiques de France sont contre lui. S'il veut gouverner selon l'esprit de la constitution, il n'a d'autres ressorts que ses commissaires près des tribunaux, qui ne peuvent prononcer son nom qu'en justice. Toutes les administrations et les municipalités sont indépendantes. S'il est possible que les corps militaires rentrent dans le devoir vis-à-vis de lui, avec quoi les paiera-t-il, si je ne lui vois rien entre les mains, pas même pour l'entretien des maréchaussées ? Je ne conçois rien de pareil à l'embarras de notre maître quand on lui remettra sa souveraineté toute désorganisée, toute peuplée de gens à plaindre, de torts à réparer, de banqueroutiers forcés et de gens à qui on aura fait banqueroute. Joignez à cela les restes de la rebellion qui tremblera toujours de voir arriver le moment de la vengeance. Voilà, mon ami, les tableaux les moins désagréables que j'aye devant les yeux.

Voici comme je composois le roman :

Beaucoup de députés émigrés du parti de la droiture, présentant une protestation à Worms, à un parlement composé de magistrats de divers parlemens ; ce corps de magistrature entérinant la protestation, prononçant la nullité de tout ce qui avoit été fait ; ordonnant à tous les Français de rentrer dans le devoir, sous peine, etc; une armée de cent mille hommes à l'appui: la terreur auroit saisi tout le monde, et les bons sujets du roi se seroient saignés pour l'aider à se rasseoir. Au lieu de cela on perd le temps en intrigues et en sottises.

Cependant, tout coup vaille: je desire de voir Brissot, Fauchet, Condorcet, et toute la tourbe du manége, renvoyés comme des insolens et des gueux. Après cela viendra ce qui pourra. Si je pouvois faire un couplet qui valût un coup de massue, je le détacherois. S'il est un personnage qu'il soit important de tourner en ridicule, il faut m'envoyer des anecdotes, car je ne connois personne, et il faut être instruit des travers particuliers des gens et connoître leurs gestes. Relevez-moi encore le courage: j'en ai besoin.

Je vous embrasse de tout mon cœur.

2 *Novembre* 1791.

Je puis répandre jusqu'à trois petits numéros à deux liards, sans me rendre suspect. La semaine passée le petit district d'Epernay, présidé par un ex-laquais, puis fermier de M. de Meulan, a décidé que nous n'aurions point de curé à Pierry, mais un desservant, et point de maître d'école. La paroisse d'Epernay s'empare des biens de notre fabrique. Voilà le travail des huissiers et laquais, et autres despotes; ils veulent tenir le paysan dans l'ignorance.

Je reçois votre lettre de quinze lignes, qui me fait grand plaisir, avec les numéros et le fiacre empoisonné par M. Thourette.

Tout ira ensemble, si au moment où on chasse les législateurs, les troupes de Metz, Verdun, prennent la cocarde blanche, et appellent le prince de Condé, avec ce qu'il aura de prêt. Voilà la révolution faite.

LETTRE *BB*.

A merveille, mon ami, à merveille!

mais dépêchons-nous ; battons le fer tandis qu'il est chaud, si nous voulons affranchir notre maître de toute espèce de dépendance. Ne lui laissons pas devoir sa liberté à l'effort des princes, des souverains et la noblesse, réunis. Prévenons la destruction de Paris, dont nous desirons et la correction et l'amendement. Il y a d'ailleurs tout à espérer de ses dispositions actuelles. Jamais il ne fait que changer de frénésie, et va toujours d'une extrémité à l'autre. Je ne serois pas étonné, comme vous le dites, qu'on ne courût sur les Jacobins comme sur les Armagnacs, dont on avoit pris l'écharpe avec enthousiasme. Cependant il me paroît que l'Assemblée songe à se fortifier. Les patriotes enrégimentés, dont nous avons ici une petite garnison, disent qu'ils seront envoyés à Saint-Denis dans les premiers jours de mars. On les rassemblera autour de la banlieue, au nombre de 15,000. Voilà leur dire. Cela m'est revenu par mes domestiques;

car je n'entre point en conversation avec eux. Il faut faire scruter ce propos par les moyens que vous pouvez avoir, et donner l'alarme de ce rassemblement, qui ne peut qu'être très-contraire aux intérêts de Paris, qu'il pourroit contribuer à affamer. Le prétexte pour faire envelopper la ville de cette petite armée, est de donner un coup de main à la garde nationale de Paris. Mais cette garde se suffit à elle-même, et la racaille qui est ici ne feroit que l'embarrasser; mais, unie à la jacobinière, elle pourroit produire des effets désastreux. Rappelez-vous que les coquins ont remis leur grande expédition au 10 de mars. Ces 15,000 culotins sont, peut-être, le momon du vastout du grand duc de Pique. Ceci est fort sérieux, mon ami: il faut faire prendre l'air à des mouches adroites. Le fait n'est peut-être pas vrai; mais si on rencontre des traces, ne fût-ce que du plan, quand on se couvriroit du prétexte de mettre Paris à l'abri de l'attaque des Princes, en turlupinant cette précaution, comme elle mérite de l'être, il faut mettre à nu le véritable dessein, et bientôt encore; car les patriotes en garnison ici, comme leurs camarades d'ailleurs, sont bien sots et bien propres à être amalgamés dans une conjuration, sans même s'en douter. Il y a d'ailleurs parmi eux beaucoup de fils et de clercs de procureurs, vermine devenue si dangereuse à l'État. Je me presse de vous faire part de ma prétendue découverte, au-devant de l'effet de laquelle il faut aller comme à celle du régiment de sans-culottes que Saint-Huruge est allé lever à Lyon.

Je vous embrasse de tout mon cœur.

22 *Février.*

LETTRE CC.

J'AI reçu, mon ami, les cinq exemplaires de la pétition contre les Jacobins.

Quand, après avoir menacé, commencera-t-on à bâtonner réellement ces infames séditieux !

On crie *vive le roi*; et quand il veut aller se promener, on l'en empêche: on double sa garde.

Paris est mécontent de l'Assemblée. Il n'est occupé qu'à se rendre maître d'elle et du roi. Les Pétion et les Crancé vont le seconder: il faut un coup de foudre, ou vous n'aurez qu'une apparence de révolution. En attendant, ce qui se commet de crimes et fait de sottises est inconcevable.

Mon fils m'a écrit que vous lui aviez fait l'amitié de lui dire que vous pourriez lui procurer quelque occupation. Je vous en serai très-obligé; car je crains pour lui le désœuvrement, et pour nous deux la dépense du pavé de Paris, sur lequel il faut qu'il reste, où il m'est bien difficile de le soutenir. Tâchez de l'employer comme vous pourrez le faire.

Je souhaite que vous puissiez entendre mon commentaire sur le grimoire de Caghostro. Vous pouvez du reste me demander des éclaircissemens : je les enverrai les moins obscurs qu'il me sera possible.

J'ai besoin d'une de vos lettres : mon cœur est à la presse.

Je vous embrasse de tout mon cœur.

19 *novembre* 1791.

LETTRE *DD*.

6 *décembre* 1790.

Mon cher ami, mon cher frère, je vous écris le cœur serré jusqu'au nœud de la gorge, d'après les nouvelles que nous avons reçues de chez vous, d'après l'insensée, l'ignorante la barbare motion de l'insolent petit tyranneau M. Barnave, et la décision d'une assemblée qui tombe continuellement de la fureur et du délire dans l'imbécillité. Au reste, le décret qui vous menace d'un débarquement de 6000 hommes, vous donne le temps de vous rendre maître de la canaille qui vous est opposée : voilà ce que j'espère.

Emparez-vous d'une hauteur dominant le port et la rade du Fort-Royal et celle de Saint-Pierre. Faites-y bâtir un four à chaux, et fondre des bombes et mortiers, en employant le métal des vieilles chaudières, mises en morceaux, portées à dos de mulets, ou enlevées avec des grues, dans les endroits inaccessibles, vous tirerez à bombes sur les ports et rades, après avoir proposé de les recevoir dans ces ports, pour y traiter avec eux, en leur donnant terme pour l'exécution.

Vous ferez retrancher sans doute, d'abord par la nature, puis par l'art, puis par la proposition d'envoyer des carcasses sur la ville, si votre poste peut être enlevé, et de la réduire en cendres : c'est la canaille des villes qui a fait le malheur de la nation.

Le projet a ses difficultés, mais il est très-possible ; il demande quarante jours bien employés.

Nous avons reçu ces jours-ci votre sucre, dont nous vous sommes très-obligés. Nous avons appris en même temps par Jacques, la maladie et le rétablissement de notre chère sœur. Elle vient de nous écrire étant en pleine convalescence. Madame Moreau, Madame Rubin, nous ont tout caché ; elles nous ont, sur le premier point, épargné des tourmens : mais, pourquoi nous taire l'autre ?

Mon pauvre Scévole est malade de vos désastres ; il étoit partisan de Barnave, il est bien guéri de cette manie ; il voudroit bien être sur le gros morne avec vous. Nous nous portons d'ailleurs assez bien. Madame la comtesse de Coaslin craignant les éclaboussures de Paris, s'est réfugiée auprès de son amie et de nous.

Adieu, mon cher Roignan; j'embrasse tendrement, vous, votre épouse, et les vôtres. Dites bien à tous les colons nos amis, combien nous partageons leurs peines. Hélas ! la France gouvernée par Mirabeau et consorts, est devenue un enfer pour tous ; mais, vous, cherchez votre salut dans votre désunion avec elle jusqu'à notre réunion sous la loi de dieu, qu'on cherche à détruire, et de notre bon monarque qu'on tient prisonnier.

Nous vous embrassons tous.

N'appelez pas vos adversaires démagogues, appelez-les philosophes ; c'est la plus grande injure qu'on puisse dire à un homme. On en demandera quelques jours réparation en justice. Adieu, adieu.

Et plus bas est écrit:

Je soussigné déclare la présente copie exacte et conforme à l'original demeuré dans les archives de la commission formée par les députés des quatorze paroisses de la colonie, au fort Bourbon: fort Royal, le 18 février 1791.

Villegigu, commissaire de la paroisse du Prescheur.

Cette lettre est sans signature; la suscription étoit conçue en ces termes :

A Monsieur,
Monsieur Roignan, greffier du conseil,
à la Martinique.

Le président : Comment avez-vous osé proposer dans cette lettre aux colons de se séparer de la métropole ?

L'accusé: Les moyens que je propose, m'avoient paru les seuls propres à sauver une colonie où j'ai demeuré quatorze ans contrôleur de la marine.

Lecture est faite de la 29eme lettre.

LETTRE *EE*.

10 février.

JAMAIS, jamais, mon cher ami, nous n'avons eu plus besoin d'une lettre, et de petits papiers qui nous consolent; Jamais notre bon maître n'a été plus assailli, plus malheureux qu'il nous semble l'être. Dieu nous a mis à l'abri de la crainte des poignards pour lui ;

mais les tourmens qu'on lui fait essuyer sans que personne s'y oppose, nous désolent. Nous voyons avec indignation la lâcheté de l'habitant de Paris ; nous faisons plus que la voir, nous l'entendons raisonner par ceux de ses membres qui nous viennent ici de semaine à autre. Selon eux, tout est tranquille à Paris, tout y va bien. Il y a apparence que la dynastie actuelle sera effacée de dessus la terre avant trois ans : mais, qu'est-ce que cela? l'histoire est remplie de ces changemens.

En attendant, on va au spectacle, on mange, on danse, on agiote. Je ne puis vous exprimer ma colere. Quant aux tortures qu'éprouve Louis XVI, cela leur est indifférent. Le bouleversement de la religion leur est aussi égal. Les malheurs du royaume, la perte des colonies, les massacres, les emprisonnemens, ne les touchent pas plus. C'est bien la plus ingrate, la plus vile, la plus méprisante populace que je connoisse. Et vous comptez faire changer d'opinion à cette race égoïste, faite pour être l'esclave des Brissot, des Pétion, comme elle l'est actuellement! J'en désespère, mon ami, à moins que vous ne trouviez le moyen de relever son courage. Ce peuple ne vit qu'au jour la journée, et il n'est pas un d'eux pour qui il y ait un sur-lendemain. Venez vîte à notre secours, car nous écrivons ici, et sans, je vous en réponds, qu'il y ait rien de personnel à nous. Pardon de la tristesse de ma lettre, mais j'ai le cœur bien serré.

Je vous embrasse de tout mon cœur.

Le président : Il paroît par la lecture de la majeure partie des pièces, que vous n'avez cessé depuis deux ans d'appeler sur votre patrie la guerre civile et la guerre étrangère ?

L'accusé : Je ne les appelois pas, mais je faisois seulement une démarche très-prudente et très-ordinaire.

« Comment avez-vous pu croire que le duc d'Orléans fût seul à la tête de la révolution, ainsi que vous l'annoncez dans l'une de vos lettres, puisque vous avez vu ou dû voir tous les citoyens de l'empire se disputer à l'envi la gloire d'y coopérer?

— J'ai pu être en erreur, mais je l'ai cru.

« Vous n'avez pas ignoré que la France étoit divisée en départemens, districts et municipalités, puisque vous avez fait des plans pour les détruire?

— Je ne me suis jamais élevé contre les départemens et districts, mais seulement contre les quarante-quatre mille municipalités.

On donne lecture de la trentième lettre.

LETTRE *FF*.

VOTRE lettre, mon ami, m'a tiré d'une grande peine; déjà assuré de l'égarement d'une de vos lettres, je craignois que la poste n'eût fait main-basse sur notre commerce : je crois que nous pouvons nous écrire, et cela me cause d'autant plus de satisfaction, que je n'ai rien de fâcheux à vous dire.

On nous avoit fait voir à moitié un superbe bouquet de fleurs artificielles, toutes roses ; il y a deux mois de cela : en même temps la contre-partie trouve le moyen de nous faire voir le duc d'Aiguillon, habillé en poissarde, avec une troupe de ces dames, et ce monde chantera le chœur d'Armide : (Triomphez, charmante reine).

Voici nos raisonnemens bien pitoyables : on saisira le moment de la fête pour donner un bouquet à la reine ; les poissardes instruites par le duc, seront les acteurs, et cela couvrira un artifice, puisque les fleurs qu'on nous a montrées étoient de superbes roses, mais artificielles.

Sur ce mauvais apperçu, rappelez-vous quelques-uns de mes déraisonnemens, et de mes inductions au sujet du bouquet du roi. Qu'est-il arrivé ?

on a bien voulu faire donner la mauvaise fête au roi ; mais elle n'a pas eu lieu : nous, nous sommes demeurés comme hébétés devant ce bouquet que nous avions vu, priant Dieu de venir au secours de notre stupidité. Qu'arrive-t-il ? on nous parfume pendant deux à trois minutes d'un encens bien caractérisé pour être celui qu'on emploie à l'église.

Nous inférons de là sans porter plus loin nos vues, que Dieu recevra bientôt de notre part à tous, l'encens que l'on veut lui refuser. Voilà un petit pas fait ; mais nous sommes encore aveugles sur le bouquet que nous attribuons toujours au roi ou à la reine ; il faut qu'on nous crie dans l'intérieur : (avez-vous pris garde que c'est un bouquet ?) Nous sortons de notre léthargie alors, et disons : il est clair qu'il nous est indiqué que le culte divin va refleurir ; (mais pourquoi n'avons-nous vu que la moitié d'un bouquet ?)

Sur cela nous faisons de nouveaux déraisonnemens jusqu'à ce qu'on nous tire de là, par l'explication nette que les églises ayant été dépouillées le culte sera dépourvu de la moitié de son lustre.

C'est ainsi, mon ami, que nous mangeons notre pain à la sueur de notre front.

Etonnons-nous après cela que Jésus-Christ ait tant de fois reproché à ses apôtres leur peu d'intelligence; nous sommes de la même pâte et plus bêtes qu'eux: pourquoi le ciel ne peut-il nous parler que par énigmes? Puis la suite de la loi qui nous a précipités dans la région des ténèbres, dans la caverne du Sphinx, où la lumiere ne peut pénétrer qu'obliquement, il faut qu'un miroir ardent dérobe les rayons du soleil pour nous les renvoyer; et telle est notre nature, qu'ils pourroient plutôt nous consumer et nons éblouir, que nous réchauffer et nous éclairer, s'ils ne parvenoient à nous avec les plus grands ménagemens.

D'après ces connoissances, osons

nous piquer de pénétration de lumières; il faudroit que nous fussions bien imbécilles, nous qui avons besoin d'être menés et ménagés comme des enfans.

Après ces conclusions, par rapport à nous tirées du sujet, voici ce que nous voyons clairement favorable pour la cause de laquelle nous nous intéressons; la religion ne peut fleurir qu'en ramenant le roi sur le trône. Je vous remercie de votre petit écrit de Boulanger, je vais le faire circuler; le régime de l'intendance étoit bien décrié ici; et il étoit clair que pour suffire à une province aussi étendue, c'étoit bien peu d'un seul administrateur, écrasé de tant de fonctions, et affublé d'une autorité sans bornes, comme sans titres. L'intendant faisoit comme Louis XV; ayant trop affaire, il ne faisoit rien, et la Champagne avoit douze intendans ou cancres.

On ne peut trouver à emprunter; que vais-je devenir! eh! si la providence n'étoit pas derrière moi, je me désespérerois : et je prêche misère dans un cabinet rempli de chefs-d'œuvres des Lesueur, Poussin, Titien, etc. etc. Joli peintre moi-même par nature, amateur dès l'enfance, né d'amateurs, j'ai formé un cabinet de 80 tableaux originaux, de toutes les écoles ; et c'est au milieu de ce luxe que je crie famine, sans pouvoir m'aider d'aucun de mes moyens.

Le pauvre Bailly (1) finira mal : pendant que vous me mandez qu'il a été aussi près de sa catastrophe, les Parisiens et les démocrates d'ici disent que tout est tranquille et en paix dans la grande ville : cela est inconcevable ; on n'y sera tiré de l'assoupissement que par le tocsin général.

Dérobez une minute à vos affaires pour me dire : j'ai reçu, car je crains toujours qu'on nous intercepte.

---

(1) Le maire de Paris (Note de l'éditeur.)

Je vous embrasse de tout mon cœur.

(Le lendemain de la Nativité).

Le président: Dans une des lettres qui ont été lues précédemment, la vingt-deuxième il y est dit: Si la banqueroute de trois millions s'effectue, la révolution pourra bien aller à pas de géans; n'étoit-ce pas des caisses qui avoient émis des papiers ayant cours de monnoie, dont vous entendiez parler ?

L'accusé: Je ne m'en rappelle point; néanmoins je suis sûr de n'avoir point voulu parler de ce fatras de papiers qui infestoient Paris.

« Qu'entendiez-vous par ces mots de votre lettre : *Je vous ai prévenu que nous étions huit en tout dans la France, absolument inconnus les uns des autres, qui élevions, mais sans cesse, comme Moyse, les yeux, la voix, les bras vers le ciel?*

Ayant eu une vision, j'ai su que nous étions huit en France, qui levoient les mains vers le ciel. Pour venir à l'appui de ce que j'avance, il suffit

de

de lire les prophêtes; on y trouve que les jeunes gens auront des songes et les vieillards des visions.

« Il est étonnant que pour l'appui de vos visions, vous citiez une religion qui les défend. Quels sont les noms de ceux qui vous ont initié dans la secte des martinistes?

— Ceux qui m'ont initié ne sont plus en France; ce sont des gens qui séjournent peu, étant continuellement en voyage, pour faire les réceptions. Je sais qu'un de ceux qui m'ont reçu, étoit, il y a cinq ans, en Angleterre.

« Votre vision ne vous auroit-elle pas instruit dans quel endroit il pourroit être à présent ?

— Non, attendu que mes visions sont spirituelles.

Lecture est faite de la pièce suivante.

Mon songe de la nuit du samedi au dimanche de devant la Saint-Jean, 1791.

J'ÉTOIS dans un Capharnaüm depuis long-temps, et sans m'en douter, quoiqu'un petit chien, que j'ai vu courir sur un toît et sauter d'une petite distance d'une poutre couverte en ardoises sur une autre, eût dû me donner du soupçon.

J'entre dans un appartement; j'y trouve une jeune demoiselle seule: on me la donne intérieurement pour une parente du comte de Dampierre; elle paroît me reconnoître, et me salue. Je m'apperçois bientôt qu'elle a des vertiges; elle semble dire des douceurs à un objet qui est vis-à-vis d'elle: je vois qu'elle est en vision avec un esprit, et soudain j'ordonne, en faisant le signe de la croix sur le front de la demoiselle, à l'esprit de paroitre ; je vois une figure de 14 à 15 ans, point laide, mais dans la parure, la mine et l'attitude d'un polisson ; je le lie, et il se récrie sur ce que je fais. Paroît une autre femme pareillement obsédée, je fais pour elle la même chose ; les deux esprits quittent leurs effets, me font face et faisoient les insolens, quand d'une porte qui s'ouvre sort un homme gros et court, de l'habillement et de la figure d'un guichetier ; il tire de sa poche deux paires de petites menotes qui s'attachent comme d'elles-mêmes aux mains des deux captifs que j'ai faits ; je les mets sous la puissance de Jésus-Christ.

Je ne sais quelle raison me fait passer pour un moment de cette pièce dans une autre ; mais j'y rentre bien vîte pour demander mes prisonniers : ils sont assis sur un banc dans une espèce d'alcove ; ils se lèvent à mon approche, et six personnages vêtus en archers des pauvres s'en emparent.

Je sors après eux : un espèce d'aumônier marchoit à côté de moi. Je vais, disoit-il, chez M. le marquis un tel ; c'est un bon homme, j'emploie mes momens libres à le visiter. Je crois que je prenois la détermination de le suivre, quand je me suis apperçu que mes deux souliers étoient en pantoufle ; je voulois m'arrêter et passer le pied quelque part pour relever le quartier de ma chaussure, quand un gros homme est venu m'attaquer au milieu d'une grande cour remplie de monde ; je lui mis la main sur le front et l'ai lié au nom de la Sainte-Trinité et par celui de Jésus, sous l'appui duquel je l'ai mis.

De Jesus-Christ ! s'est écriée la foule qui m'entouroit. Oui, ai-je dit, et je vous y mets tous, après vous avoir liés. On faisoit de grands murmures sur ce propos.

Arrive une voiture comme un coche : un homme m'appelle par mon nom, de la portière ; mais, sire Cazotte, vous parlez de Jésus-Christ, pouvons-nous tomber sous la puissance de Jésus-Christ ? Alors j'ai repris la parole, et ai parlé avec assez d'étendue de Jésus-Christ et de sa miséricorde sur les pécheurs. Que vous êtes heureux! ai-je ajouté : vous allez changer de fers ! De fers ! s'est écrié un homme enfermé dans la voiture, sur la bosse de laquelle j'étois monté: est-ce qu'on ne pourroit nous donner un moment de relâche ?

Allez, a dit quelqu'un, vous allez changer de maître: et quel maître ? Le premier homme qui m'avoit parlé disoit: j'avois quelque idée comme cela.

Je tournois le dos au coche et avançois dans cette cour de prodigieuse étendue; on n'y étoit éclairé que par les étoiles: j'ai observé le ciel, il étoit d'un bel azur pâle, et très-étoilé : pendant que je le comparois dans ma mémoire à d'autre cieux que j'avois vus dans le Capharnaüm, il a été troublé par une horrible tempête: un affreux coup de tonnerre l'a mis tout en feu;

le carreau tombé à cent pas de moi est venu se roulant vers moi ; il en est sorti un esprit sous la forme d'un oiseau de la grosseur d'un grand coq blanc, et la forme du corps plus allongée, plus bas sur pattes, le bec plus émoussé. J'ai couru sur l'oiseau en faisant des signes de croix, et me sentant rempli d'une force bien plus qu'ordinaire ; il est venu tomber à mes pieds. Je voulois lui mettre sur la tête..... Un homme de la taille du baron de Loi, aussi joli qu'il l'étoit, et jeune, vêtu en gris et argent, m'a fait face, et dit de ne le pas fouler aux pieds ; il a tiré de sa poche une paire de ciseaux (1) : je prenois les ciseaux, quand j'ai été éveillé par le

---

(1) La paire de ciseaux enrichis de diamans, peut être une brillante raillerie des esprits au sujet de l'épée à deux tranchans, attendu que depuis long-temps les ciseaux ont deux taillans; ceux-ci étoient très petits ; ma défiance est plus qu'autorisée par cette remarque : on ne sauroit être trop sur ses gardes. (Note de la pièce.)

chant en chœur de la foule qui étoit dans le Capharnaüm ; c'étoit un chant plein, sans accord, dont les paroles non rimées étoient : chantons, chantons notre heureuse délivrance.

Réveillé, je me suis mis en prières ; mais me tenant en défiance contre ce songe-ci, comme contre tant d'autres, par lesquels je puis soupçonner Satan de vouloir me remplir d'orgueil, je continuai mes prières à Dieu par l'intercession de la Sainte Vierge, et sans relâche, pour obtenir de lui à connoître sa volonté sur moi ; et cependant je lierai sur la terre ce qui me paroîtra à propos de lier pour la plus grande gloire de Dieu et le besoin de ses créatures.

Le président: Que veulent dire ces mots contenus dans votre vingt-troisième lettre : *J'ai reçu votre petite brochure contre les jacobins ; nous ne serons malheureusement délivrés de cette odieuse vermine que par la vapeur de la poudre à canon !*

L'accusé: C'étoit de l'esprit de la secte dont j'entendois parler.

Lecture est faite de l'écrit dont est question :

Circulaire des RR. Frères Jacobins, aux affiliés dans toute la France.

AMIS et frères, notre position devient difficile ici, et le bien général périclite. Deux cabales se réunissent pour nous rendre odieux au peuple de Paris, par qui nous sommes accusés d'être la cause de la cherté du pain, et de la diminution des moyens d'en gagner. Les suppôts du fanatisme attisent ce feu; et la municipalité, aveuglée sur ses propres intérêt, et désunie entre elle, ne nous accorde aucune protection. Nous la devions trouver dans l'assemblée législative; elle-même, loin de pouvoir opposer aux placards, aux libellistes, aux factieux, au comité des recherches, a besoin de notre protection assidue pour n'être pas renvoyée nu pieds, par le coche, comme elle est venue. Vous avez sans doute fait choisir tous les gens sur le dévouement desquels vous pouviez compter ; mais vous devez penser que dans un pays où l'habit fait le moine, des gens mal vêtus n'en pouvoient pas imposer. Aussi, après s'être attiré la compassion des hôtels garnis dans lesquels ils ont été prendre gîte, ils sont venus exciter la risée de la galerie, le jour de leur installation ; et quand, embouchés par nous, ils ont voulu rendre le décret conçu pour achever de mettre sous nos pieds l'idole du despotisme, leur défaut de contenance, leur disgrace dans le débit, leur presqu'absolue nudité a tellement déshonoré la noblesse de leur action, la sagesse de leur discours, que le tout a tourné contre eux, même la multitude soudoyée, dans la crainte d'être mal traitée : ils ont été forcés de révoquer le décret important comme sûreté. Depuis cette époque, fréres et amis, la chose publique nous paroît exposée à la contre-révolution, quand les émigrés ne s'en mêleroient autrement qu'en se faisant chausser par des cordonniers de Coblentz, de Worms et de Bruxelles. Nous ne pouvons plus exciter cette foible assemblée à aucun acte vertueux, la confusion des langues semble s'y être mise, sans qu'on puisse l'imputer à la différence des patois ; et dans l'état de crainte où on la tient, nous ne serions pas surpris de la voir sortir du manège pour aller implorer la protection des Tuileries ; sur-tout si le Parisien renonçant aux couleurs de notre ancien protecteur, devenu notre secrétaire, arbore la cocarde blanche : tirons l'assemblée de ce danger ; à quelques membres près, elle est tout à nous. Que les départemens, les districts, les municipalités l'engagent par de fortes adresses à se soustraire au despotisme de Paris, sous ombre de se dérober de l'influence des factieux, soutenus de la nombreuse prêtraille de cette capitale. Nous vous enverrions comme à l'ordinaire, un modèle, si ceci ne devoit pas avoir l'air du mandement général de la nation, un dans le fond et pour les principes, mais différencié par la manière. Nous ne pouvons encore désigner la province où l'assemblée doit être transférée : cela doit être concerté entre nous, les membres étant le plus à notre dévotion, et le fantôme d'autorité sous le nom duquel nous marchons à notre but, et vis-à-vis duquel les circonstances nous forceront à des ménagemens jusqu'à la consommation du grand œuvre.

Nous nous lions de cœur et d'esprit de plus en plus avec vous.

Le président: Etes-vous l'auteur de cette diatribe ?

L'accusé : Elle n'est pas de moi, mais bien de l'auteur du journal à deux liards.

« Qu'entendiez-vous dans votre dix-neuvième lettre, par ces mots : *Voilà une occasion que le roi doit saisir; il faut qu'il serre les pouces au maire Pétion, et le force à découvrir les fabricans de piques et ceux qui les soldent !*

— Les lettres que je recevois à Pierry, marquoient dans le temps, qu'il se fabriquoit à Paris cent mille piques: je n'ai vu dans cette démarche qu'un projet de tourner ces armes contre le peuple, d'autant plus que je savois que Paris avoit une brillante et superbe garde nationale qui se suffisoit à elle-même pour le service et le maintien de la tranquillité; or, je ne voyois dans les piques, qu'un moyen de renverser cette garde imposante, qui maintenoit l'ordre, et qui gênoit singulièrement ceux qui avoient intention qu'il fût troublé. Ces nouvelles m'étoient transmises par un ami, dont les intentions ne m'étoient pas suspectes : il se peut néanmoins que j'aie été mal informé; ce n'est point ma faute : il se peut que celui qui m'écrivoit, ait lui-même vu les choses comme il ne devoit pas les voir.

Lecture est faite de la lettre suivante.

Lettre

Lettre de Cazotte fils à son père.

MON cher papa, le 14 juillet est passé, le roi est rentré chez lui sain et sauf. Je me suis acquitté de mon mieux de la mission dont vous m'aviez chargé. Vous saurez peut-être si elle a eu tout l'effet que vous en attendiez. Vendredi je me suis approché de la sainte table, et en sortant de l'église je me suis rendu à l'autel de la patrie, où j'ai fait vers les quatre côtés, les commandemens nécessaires pour mettre le Champ de Mars entier sous la protection des anges du Seigneur; de là je me suis rendu à l'assemblée pour en assujettir à J. C. les membres et leurs corrupteurs. — Hier, à sept heures, j'arrivois à la chapelle des Tuileries, en même temps que madame Elisabeth, qui venoit y faire ses dévotions. J'y ai entendu deux de ses messes, priant de tout mon cœur, et demandant à mon Saint-Ange de joindre nos forces aux siennes. Je me suis ensuite promené dans le Jardin en attendant la messe du roi et de toute sa famille, à laquelle j'ai assisté, et après laquelle le roi est monté en voiture, en ayant deux de suite avec lui, et 1800 hommes de garde, l'élite de la garde nationale. J'en portois l'habit, et cela me fournit les moyens de me porter en dehors de la haie qui marchoit le long de la voiture; et je suis arrivé avec elle à l'École-Militaire. Dedans la voiture étoient le roi, sa famille, madame de Tourzel, madame de Lamballe, et deux autres dames. A la descente, je me mis à la suite, et j'entrai dans les appartemens de l'École-Militaire, où je me plaçai à une croisée dont la vue embrassoit tout le Champ de Mars. Il étoit dix heures et quart; le cortège ne commença à arriver que vers les deux heures et demie, et il étoit cinq heures passées lorsque l'assemblée nationale arriva. Le roi la joignit, et fut, au milieu des députés, dans un bataillon carré de gardes nationales, à l'autel de la patrie, où je ne sais pas ce qui s'est fait. Il y est resté trois quarts d'heure, puis, est revenu avec le même cortège : j'ai alors quitté ma fenêtre, et j'ai gagné la voiture, contre le derrière de laquelle j'étois appuyé quand il est remonté. Madame Elisabeth a même alors jeté un coup d'œil sur moi qui s'est reporté vers le ciel; et autour, sous la protection d'un de mes camarades, grenadier, et d'un capitaine de ma connoissance : j'ai accompagné la voiture en dedans de la ligne ; le roi m'a appelé, et m'a dit : Cazotte, c'est vous que j'ai trouvé à Epernay, et à qui j'ai parlé. Je lui ai répondu : Oui, Sire. A la descente de la voiture j'étois.... et je me suis retiré quand je les ai vus dans leurs appartemens. Depuis quatre heures et demie jusqu'à six heures et demie que j'ai été à la fenêtre, j'ai eu le bonheur d'avoir toujours l'esprit tendu vers le seigneur ; j'ai exécuté ponctuellement ce que vous m'aviez recommandé, et au commencement une farandole voulant se former dans un groupe au-dessous des fenêtres, les mains se sont quittées d'elles-mêmes, a peu-près comme Dora-Chavis avoit quitté Cloots. Tous les héros du 20 juin ont défilé, en criant : vive Pétion, vive la nation, avec des voix sépulchrales. Les mêmes cris ont accompagné le roi jusqu'à l'autel. Pétion, en défilant, n'a pas daigné lever les yeux sur la famille ro[illegible]ale, etc. etc. Le Champ de Mars étoit couvert d'hommes. Si j'étois digne que mes commandemens fussent exécutés, il y auroit furieusement de personnes déliées. — Au retour tous crioient, vive le roi, sur le passage. Les gardes nationaux s'en donnoient de tout leur cœur, et la marche étoit un triomphe. Le jour a été beau, et le commandeur a dit que pour le dernier jour que Dieu laissoit au diable, il le lui avoit laissé couleur de rose. Adieu, joignez vos prières aux miennes. Ne lâchons pas prise. J'embrasse maman, Zabeth: mon respect à madame la marquise.

SCEVOLE.

Le président: Dans quelle compagnie de la garde constitutionnelle du roi, votre fils a-t-il servi?

L'accusé : Il étoit lieutenant dans la compagnie de la Colletrye.

Les débats sont terminés.

L'accusateur public analyse les charges qu'il fait précéder d'un tableau sommaire de ce qui s'est passé en France depuis le 14 juillet 1789, etc. « Et vous, dit-il à l'accusé, pourquoi faut-il que j'aie à vous trouver coupable, après soixante-douze années de vertus? pourquoi faut-il que les deux qui les ont suivies, aient été employées à méditer des projets, d'autant plus criminels, qu'ils tendoient à rétablir le despotisme et la tyrannie? Pourquoi faut-il que vous ayiez conspiré contre la liberté de votre pays? Il ne suffit pas d'avoir été bon fils, bon époux et bon père, il faut sur-tout être bon citoyen. » S'adressant aux jurés : « Dans la lettre que l'accusé écrivoit le 6 décembre 1790, au sieur Roignant son parent à la Martinique, il lui recommande de faire scission avec la métropole, comme le seul moyen de résister et de n'être point entraînée dans ce qu'il appelle la rebellion, tandis qu'il savoit que c'étoit le peuple qui combattoit pour recouvrer ses droits et sa liberté. Il ne pouvoit s'excuser par un défaut d'ignorance, lui philosophe et initié ; lui qui, dans les glaces de la vieillesse, a conservé les feux d'une jeunesse bouillante et éclairée, etc. »

L'accusateur public, d'après le résultat des charges et informations, pense qu'il y a lieu à déclarer l'accusé Jacques Cazotte convaincu d'avoir participé dans les trames et complots de la ci-devant cour contre la liberté du peuple souverain.

Pendant cette analyse, dont nous ne donnons qu'une foible esquisse, et qui a duré plus d'une heure, l'accusé a eu continuellement les yeux fixés sur l'accusateur public, sans néanmoins qu'aucune altération se fît remarquer sur sa figure.

Julienne, défenseur de l'accusé, est ensuite entendu avec intérêt par le tribunal et l'auditoire; il émeut ce dernier, lorsqu'il retrace le tableau rapide de la vie privée de son client; des larmes coulent, lorsqu'il fait connoître les détails de la soirée du deux du présent mois: lors du massacre des prisonniers détenus à l'abbaye, les expéditionnaires parvenus à la chambre où étoit l'accusé, lui demandèrent ce qu'il avoit fait, quelles étoient les causes de sa détention? il les renvoya consulter le registre décrou: le délit leur ayant paru grave, plusieurs opinèrent pour qu'il fût mis à mort; mais le spectacle de ce vieillard, entouré de sa fille, qui ne l'a point quitté un seul instant dans sa prison; les cheveux blancs du père, les pleurs de la fille les frappèrent; ils convinrent de le mettre en liberté, et de suite l'emportérent à quatre sur leurs épaules ; sa fille le suivoit : les citoyens témoins de cette scène touchante versoient des larmes d'attendrissement.

Le plaidoyer de Jullienne dura une demi-heure. Pendant ce temps, l'accusé paroissoit écouter avec le plus grand sang-froid l'éloquence et les moyens employés pour sa défense. Sa fille paroissoit moins abattue que pendant le cours des débats ; un rayon d'espoir sembloit la ranimer, par l'effet qu'avoit produit sur la multitude le plaidoyer du défenseur de l'auteur de ses jours.

Le président a ensuite posé les questions ; les jurés, après en avoir délibéré dans leur chambre, sont rentrés à l'audience. D'après leur déclaration, le président a prononcé le jugement en ces termes :

Le tribunal, d'après la déclaration du jury de jugement, portant : 1°. qu'il est constant qu'il y a eu un ou différens complots, dont le dernier a éclaté notamment dans la journée du 10 août

1792, lesquels complots tendoient à troubler l'Etat par une guerre civile, à armer les citoyens les uns contre les autres, à dissoudre par violence le corps législatif, et à renvoyer les autorités constituées; 2°. que Jacques Cazotte est convaincu d'y avoir participé; 3°. que sciemment et à dessein de nuire, ledit Cazotte s'en est rendu coupable.

Faisant droit sur le réquisitoire du commissaire national, condamne Jacques Cazotte à la peine de mort, conformément à l'article II de la deuxième section du titre premier du code pénal, dont il a été fait lecture, lequel est ainsi conçu : « Toutes conspirations et complots tendans à troubler l'Etat par une guerre civile, en armant les citoyens les uns contre les autres ou contre l'exercice de l'autorité légitime, seront punis de mort. » Et conformément à l'article IV de la troisième section du même titre du code pénal, dont il a été également fait lecture, lequel est ainsi conçu : « Toutes conspirations ou attentats pour empêcher la réunion ou pour opérer la dissolution du corps législatif, ou pour empêcher par force ou violence la liberté de ses délibérations; tous attentats contre la liberté individuelle d'un de ses membres, seront punis de mort; déclare les biens dudit Cazotte confisqués au profit de la nation, conformément à la loi du 30 août dernier. Ordonne qu'à la diligence du commissaire national, le présent jugement sera exécuté, imprimé, publié et affiché dans l'étendue de la commune.

Fait à Paris, le mardi 25 septembre 1792, l'an premier de la république française, à l'audience publique du tribunal, où étoient présens MM. Lavau, président; Dubail, Jaillant et Naulin, juges du tribunal qui ont signé la minute du présent jugement.

Après le prononcé du susdit jugement le président a adressé au condamné le discours suivant: «Foible jouet de la vieillesse! victime infortunée des préjugés d'une vie passée dans l'esclavage! toi dont le cœur ne fut pas assez grand pour sentir le prix d'une liberté sainte, mais qui a prouvé, par ta sécurité dans les débats, que tu savois sacrifier jusqu'à ton existence pour le soutien de ton opinion, écoute les dernières paroles de tes juges! puissent-elles verser, dans ton ame, le baume précieux des consolations! puissent-elles, en te déterminant à plaindre le sort de ceux qui viennent de te condamner, t'inspirer cette stoïcité qui doit présider à tes derniers instans, et te pénétrer du respect que la loi nous a imposé à nous-mêmes! .... Tes pairs t'ont entendu, tes pairs t'ont condamné; mais au moins leur jugement fut pur comme leur conscience, au moins aucun intérêt personnel ne vint troubler leur décision par le souvenir déchirant du remords; va, reprends ton courage, rassemble tes forces; envisage sans crainte le trépas; songe qu'il n'a pas droit de t'étonner; ce n'est pas un instant qui doit effrayer un homme tel que toi. Mais avant de te séparer de la vie, avant de payer à la loi le tribut de tes conspirations, regarde l'attitude imposante de la France, dans le sein de laquelle tu ne craignois pas d'appeler à grands cris l'ennemi.... que dis-je!.. l'esclave salarié. Vois ton ancienne patrie opposer aux attaques de ses vils détracteurs, autant de courage que tu lui as supposé de lâcheté. Si la loi eût pu prévoir qu'elle auroit à prononcer contre un coupable tel que toi, par considération pour tes vieux ans, elle ne t'eût pas imposé d'autre peine; mais, rassure toi, si elle est sévère quand elle poursuit, quand elle a prononcé le glaive tombe bientôt de ses mains. Elle gémit sur la perte même de ceux qui vouloient la déchirer. Ce qu'elle fait pour les coupable, en général, elle le fait particulièrement pour toi. Regarde-là verser des larmes sur ses cheveux blancs qu'elle a cru devoir respecter jusqu'au moment de ta condamnation; que ce spectacle porte en toi le repentir ; qu'il t'engage, vieillard malheureux, à profiter du moment qui te sépare encore de la mort, pour effacer jusqu'aux moindres traces de tes complots, par un regret justement senti ! Encore un mot : tu fus homme, chrétien, philosophe, initié ; sache mourir en homme, sache mourir en chrétien ; c'est tout ce que ton pays peut encore attendre de toi.

Ce discours qui frappa de stupeur une partie de l'auditoire, ne fit aucune impression sur Jacques Cazotte. A ces mots : *va, reprends ton courage, rassemble tes forces, envisage sans crainte le trépas, songe qu'il n'a pas droit de t'étonner ; ce n'est pas un instant qui doit effrayer un homme tel que toi,* il leva les mains et secoua la tête en levant les yeux au ciel avec un visage serein et décidé.

Conduit dans le cabinet criminel, il dit à ceux qui l'entouroient, qu'il ne regrettoit que sa fille. L'exécuteur s'étant présenté pour lui couper les cheveux, il lui recommanda de les lui couper le plus près de la tête qu'il seroit possible, et chargea son directeur de les remettre à sa fille, qui, en ce moment, étoit consignée, jusqu'après l'exécution, dans une des chambres de la Conciergerie. Quant au condamné, il étoit si persuadé d'avance de ce qui devoit lui arriver, qu'il avoit dit à cette occasion à son défenseur officieux, à l'ouverture de l'audience : *je m'attends à la mort, et me suis confessé il y a trois jours.*

L'exécution dudit jugement a eu lieu sur la place du Carrousel, vers les sept heures du soir : le condamné a montré le long de la route, et jusques sur l'échafaud, une présence d'esprit et un sang-froid admirables.

FIN.

www.ingramcontent.com/pod-product-compliance
Ingram Content Group UK Ltd.
Pitfield, Milton Keynes, MK11 3LW, UK
UKHW021122220726
13924UKWH00004B/1870

9 782019 691486